청소년들의 진로와 직업 탐색을 위한

잡프러포즈 시리즈 25

취미가 직업이 되는
쇼핑몰MD

박종복 지음

청소년들의 진로와 직업 탐색을 위한
잡프러포즈 시리즈 25

옷이 당신에게 어울리는지 고민하기 전에,
당신이 그 옷에 어울리는 사람인지
먼저 고민하십시오.

– 칼 라거펠트 Karl Lagerfeld –

기회는 준비된 마음을 좋아한다.

- 루이 파스퇴르 Louis Pasteur -

C·O·N·T·E·N·T·S

C·O·N·T·E·N·T·S

Propose!

쇼핑몰 MD 박종복의 프러포즈

안녕하세요?

대한민국 온라인 쇼핑몰 1위~

11번가 MD 박종복입니다.

중학교 2학년인 아들에게 물었습니다.

"아빠는 어떤 일을 하는 사람이야?"

아들이 대답했어요.

"아빠는 11번가에서 가구, 자동차, 생활용품, 낚싯대 등을 판매하는 사람이야."

MD는 쇼핑몰에서 일어나는 모든 일에 다 관여해야 하는 힘든 직업입니다. 다양한 판매자들을 만나 상품을 기획하고,

판매하고, 소비자들을 위한 마케팅, 신속한 배송, A/S까지 진행하다 보면 어느새 내 카테고리의 상품이 빛을 발하고, 소비자들에게 큰 도움이 된다는 걸 알게 됩니다. 다양한 구매 후기를 읽을 때마다 내가 하는 일이 이 사회에 필요한 소중한 직업이라는 걸 깨닫습니다.

여러분들이 선택할 수 있는 직업은 수만 가지가 넘을 거예요. 그렇지만 이 책을 읽는 누군가 MD를 직업으로 고민하고 있다면, 저는 이 길을 꼭 권하고 싶습니다.

이 세상의 직업 중에 쉬운 일은 없을 거예요. 하지만 자기가 좋아하는 분야의 담당자가 되어 상품을 기획하고 판매하고, 끝까지 책임지면서 다른 사람에게 도움이 되는, 취미와 일을 일치시킬 수 있는 직업이 쇼핑몰 MD라고 생각합니다.

모든 사람이 MD가 될 순 없어요. 하지만 MD가 되기 위해서 어떤 학교 졸업증이나 자격증이 필요한 것도 아닙니다.
MD가 되기 위해 필요한 건 3가지.

자신이 좋아하는 분야에서 전문가로 성장하겠다는 자신감,
여러 사람과 함께 상품을 만드는 소통 능력,
그리고 열정입니다.

MD는 상품 판매와 구매를 도와주는 사람일지도 모릅니다. 그러나 거대한 온라인 시장 거래의 열쇠를 갖고 있기 때문에 뛰어난 MD가 되면 판매자, 구매자 모두가 상생하는 건강한 온라인 장터를 만들 수 있습니다.

여러분의 목표는 산꼭대기에만 있지 않습니다. 그 산을 오르는 과정마다 서 있는 표지판을 잘 살피고, 고민하고, 여러분을 응원하는 선배들과 잘 상의하며 결정하기를 바랍니다.

중학생 아들 진원이가 정보보안 전문가가 되고 싶다는 꿈을 꼭 이루기를 바랍니다. 그리고 이 책을 읽는 모든 진원이가 자신의 꿈을 반드시 이루기를 바랍니다. 쇼핑몰 MD로서, 중학생 아들을 둔 아버지로서 여러분을 응원하며 기다리겠습니다.

대한민국 최고의 온라인 쇼핑몰
11번가 MD 박종복 드림

첫 인사

토크쇼 편집자 – 편

MD 박종복 – 박

편 박종복 MD님, 안녕하세요? 독자들에게 소개를 부탁드립니다.

박 안녕하세요? 저는 온라인 쇼핑몰 11번가 MD, 박종복입니다. 가구, 침구, 생활, 건강, 자동차, 취미, 레저 카테고리를 거쳐서 지금은 캠핑/낚시 카테고리를 담당하고 있습니다.

편 낚시 좋아하세요?

박 좋아합니다. 예전에는 가끔 즐기는 여가생활이었는데, 제가 이 카테고리의 담당자가 되면서 지금은 마니아가 되어 적극적으로 활동하고 있습니다.

편 MD님, 부럽습니다. 내가 좋아하는 분야의 담당자가 되면 내 취미 자체가 일이 되는 거잖아요. 인터넷 검색하고, 동호회 활동하고, 상품 체험하고, 관련 사람들을 만나고요. 저는 세 아이를 키우는 다둥이 엄마입니다. 9년째 유아용품을 구입하고 있어요. 저는 만약 MD가 된다면 유아용품 카테고리를 담당하고 싶습니다. 엄마들의 마음을 잘 알고, 어떤 상품이 사람들에게 필요한지 빛의 속도로 찾아낼 자신이 있습니다. (웃음)

박 맞아요. 쇼핑몰 MD는 프로젝트의 A부터 Z까지 책임져야 하는 무거운 자리지만, 내가 좋아하는 분야의 모든 것들을 직접 경험해 볼 수 있는 행복한 직업이에요.

편 출간을 결심하신 이유가 있나요?

박 앞에서 프러포즈한 대로 자기가 좋아하는 분야의 상품을 기획하고 판매하면서 소비자의 고충을 들어주고, 우수한 판매자와 건강한 소비를 열망하는 구매자를 연결하여 온라인 시장을 발전시키는 직업이 MD입니다. MD는 특별한 학교의 졸업장이나 자격증이 필요한 직업이 아니에요. 온라인 시장을 좋아하면 됩니다. 이 속에서 건강한 노력과 열정으로 승부를 낼 수 있는 정직한 직업이에요. 제가 사랑하는 이 직업을 많은 분께 알려 드리고 싶습니다.

편 저는 온라인 쇼핑몰은 단순히 물건을 사는 곳이라고 생각했는데, 소비자를 생각하는 우수한 판매자와 건강한 소비를 열망하는 구매자가 만나는 곳이라는 말씀에 깜짝 놀랐습니다. 온라인 쇼핑몰에 대한 저의 고정관념을 깨야 할 것 같아요. 박종복 MD님, 온라인 시장에 대해서 잘 모르는 제가 이 직업의 세계를 제대로 탐험할 수 있도록 잘 부탁드립니다.

매주 취미로 즐기는 자전거 타기

자전거 여행, 부산에서 대마도행 여객선을 기다리며

자전거 여행에서 만난 사람들

박 지금부터 시작입니다. 온라인 시장과 그 속의 다양한 직업, 그리고 삶의 모습들까지 제가 아는 모든 것을 말씀드리겠습니다. 함께 해서 기쁩니다.

편 제가 거의 매일 이용하는 온라인 쇼핑몰의 세계라고 하니까 설렙니다. 어떤 세상이 펼쳐질까요? 열심히 배우겠습니다. 지금부터 쇼핑몰 MD의 세계로 들어가 보겠습니다.

'MD 추천 기획전'에 사용한 캐리커처

쇼핑몰 MD란

쇼핑몰 MD는 어떤 일을 하나요

편 MD는 어떤 일을 하나요?

박 사회가 많은 혁명을 거치면서 유통이 생기고 거래라는 게 발생해요. 상품을 개발하는 사람이 있어요. 그는 누군가에게 판매하고 싶겠죠. 소비자는 자신이 필요한 물건을 사고 싶고요. 중간에서 판매자와 소비자를 연결해 주는 사람이 필요해졌어요. 왜냐하면 물건을 파는 사람들은 더 비싸게 팔고 싶고, 물건을 사려고 하는 사람들은 좋은 물건을 더 싸게 사고 싶거든요. 바로 이 지점에서 조율이 필요해요. 그 사람이 MD예요. MD는 제조사의 물건을 보며 지금 시장에서 형성된 가격대가 어느 정도인지, 소비자가 만족하는 가격대를 산출해요. 물론 MD가 속한 회사의 이익도 넣어서 계산해요. 물품에 가장 합당한 가격을 매겨서 소비자들에게 소개해요. 그리고 소비자들이 최근에 많이 찾고 소비하는 상품들을 파악해서 그 상품에 가장 적합한 판매자를 찾거나 업체를 찾아내요.

"저희 고객들이 요즘에 이런 것들을 많이 찾아요. 잘 나가는 가격대는 10만 원에서 12만 원 사이인데, 사장님이 더 많이 팔기 위해서는 9만 원대 상품을 만들어 주세요. 그럼 더 많이 팔릴 것 같아요."라고 판매자와 정보를 공유하죠. 그러면 판매자들은 MD가 제공한 정보를 토대로 해서 상품을 만들거나 이미 만들어져 있는 상품을 행사가로 판매하죠.

MD merchandiser는 시장 조사 결과를 바탕으로 적절한 상품을 개발하거나 상품의 가격, 분량, 판매 방법 따위를 계획하는 사람입니다. 고대 자급자족 시대를 지나 생산과 소비가 분리되기 시작하면서부터 MD라는 직업이 있었던 것 같아요. 생산자는 자신이 생산한 물건을 조금 더 비싼 값에 많이 팔기를 원하고, 소비자는 싼값에 좋은 물건을 구매하기를 원해요. 서로의 이익을 챙기기 위해 중개하는 중개자가 필요했겠죠? 이 중개자가 MD 직업의 시작인 것 같아요.

우리는 지금 제품의 홍수 속에서 살아가요. 하루에도 신제품이 몇 개 나오는지 모르겠어요. 이 많은 상품은 자신을 원하는 소비자를 찾기 위해서 노력을 해야 해요. 소비자들도 본인이 필요한 다양한 물건을 찾아야 하고요. 이런 환경에서 MD는 좋은 제조사를 파악하고, 양질의 제품을 적정한 가격으로 가공하여 소비자들에게 소개하는 역할을 합니다.

MD는 다양한 분야에서 일하고 있는데, 크게는 오프라인과 온라인으로 나눌 수 있어요. 오프라인은 대면판매로 백화점, 마트가 있죠. 온라인은 비대면 판매로 온라인 쇼핑몰, TV 홈쇼핑 등이 있습니다.

11번가 사무실에서 일하는 모습

쇼핑몰, 오픈 마켓, 소셜 마켓의 차이는 무엇인가요

편 쇼핑몰, 오픈 마켓open market, 소셜 마켓social market의 차이는 무엇인가요? 구체적으로 설명해 주세요.

박 이걸 제대로 이해하려면 온라인 유통의 역사를 잠깐 짚고 넘어가야 해요. 예전에는 오프라인 유통만 있었어요. 내가 사고 싶은 물건이 있으면 그 물건이 있는 사람을 찾아가거나 가게에 가서 사야 했죠. 사회가 발전되면서 생산이 많아졌어요. 상품을 많이 팔기 위해서 고객을 찾아야 했어요. 그래서 고객을 직접 찾아가는 방문판매가 생겼어요. 화장품, 출판사 아동 전집 등을 점포 없이 일대일 대면으로 판매했죠. 그리고 매장 운영 비용이나 방문판매 등의 인건비를 줄이고 좀 더 경쟁력 있게 판매할 수 있는 무점포 판매가 생겼는데 신문과 잡지를 이용한 전화판매가 대표적이에요. 전화로 물건을 주문하고 상품 대금은 소비자들이 은행을 통해 입금하거나 카드로 결제했어요.

편 잡지나 전단에 물건이 소개되어 있고, 전화번호가 적혀 있었던 게 기억나요.

박 그 후에 카탈로그 통신 또는 카탈로그 홈쇼핑이 등장해요. 2000년대 초반에 천리안, 나우누리 같은 통신에 접속하면 페이지 하단에 공동구매 카테고리가 있었어요. 사람들이 몰리는 곳은 그 장소를 영업장으로 이용하려는 판매자들이 모이죠. 통신 속도가 느렸기 때문에 이미지는 거의 없고 글로만 설명이 되어 있었어요.「이거 참 좋아요, 재질은 뭐고요, 가격은 얼만데 얼마 할인해요. 며칠 동안 배송돼요. 주문하세요.」이런 방식의 판매를 시작으로 온라인 쇼핑몰이 생겨났어요. 온라인만을 위한 상업거래가 시작된 거죠. 쇼핑몰은 오프라인 매장의 온라인화라고 생각하면 쉬워요. 백화점이나 홈쇼핑이 온라인으로 들어오는 거죠. GSmall, CJmall, Hmall, 롯데닷컴 등이에요.

편 이제 오픈 마켓이 등장하겠네요.

박 이렇게 온라인 상거래의 초창기가 지나가고, 오픈 마켓이 등장해요. 쇼핑몰의 모든 장벽을 무너뜨리죠.

'나한테 좋은 물건이 있는데, MD를 만날 수 있는 방법도

모르겠고, 시간도 없고, 거리도 멀고, 재고를 많이 갖고 있지도 않아. 어쩌지?'

오픈 마켓은 아주 기본적인 서류만 갖추면 입점할 수 있어요. 계약도 온라인에서 이루어지고요. 온라인 계약이 되면 판매자는 자기 공간에서 바로 상품 등록을 하고 판매를 시작해요. 즉 오픈 마켓은 온라인 장터를 만들어서 판매자, 구매자가 자유롭게 거래를 하죠. 오픈 마켓은 관리 유지비만 받기 때문에 판매에 대한 책임은 전적으로 판매자에게 있어요. 물론 어떤 문제가 발생할 경우 마켓은 조율하고요.

편 오픈 마켓을 사람들이 신뢰하는 이유는 판매자에게 바로 입금하는 것보다 안전한 거래이기 때문이에요.

박 네, 맞아요. 에스크로escrow라고 해요. 구매자가 상품 대금을 결제해서 물건을 받아요. 그리고 구매 확정을 하죠. 오픈 마켓은 그걸 확인해야만 판매자에게 물품 대금을 입금해요. 그런데 구매자가 마음에 들지 않아서 반품을 요구할 경우에는 저희가 갖고 있던 물품 대금을 구매자에게 돌려 드리죠. 이런 기본 시스템이 구매자, 판매자에게 신뢰를 받고 있어요.

오픈 마켓이 큰 성공을 이루어요. 저렴한 수수료가 장점이죠. 쇼핑몰에서 높은 수수료를 지불하는 판매자들도 오픈 마켓에 입점하면 수수료가 싸니까 물건값을 낮출 수 있어요. 그러다 보니 구매자들은 오픈 마켓에서 더 많이 구매해요. 결국 오픈 마켓이 온라인 시장을 장악해요.

편 소셜 마켓은 어떤 거죠?

박 소셜 마켓은 SNS 프로그램을 통해서 영업하는 회사예요. 지역 네트워크를 이용한 시장이죠. 쿠팡, 티몬, 위메프 등의 회사가 처음에 전국 식당을 돌아다니며 영업을 했어요. "우리가 고객을 이 식당에 몰아줄 테니 만 원짜리 밥을 오천 원에 해 주세요."라는 방식이었죠. 식당, 놀이공원, 여러 이용권이 대표적인 상품이었어요. 오픈 마켓에서 팔지 않았던 서비스 상품에 접근해서 대박이 났죠.

고객이 몰리다 보니까 물건을 팔고 싶은 사람들도 함께 모였겠죠? 그러나 소셜 마켓은 서비스를 제공하는 업체들을 돌아다니며 영업을 하는 게 힘들다 보니 쇼핑몰, 오픈 마켓으로 전환을 했죠. 최근에 소셜 마켓에 등록된 판매 물품들을 보면 반은 입점, 반은 오픈마켓으로 혼합되어 있어요.

편 오픈 마켓에 쇼핑몰이 입점하는 경우도 있나요? 그럼 수수료는 어떻게 되죠?

박 쇼핑몰에서 오픈 마켓에 수수료를 지불해요. 판매자가 쇼핑몰에 30%의 수수료로 입점한다면 쇼핑몰은 오픈 마켓에 입점할 때 자신이 받는 30%의 수수료 중 10% 정도의 금액을 수수료를 지불하죠. 판매자가 지불하는 30%의 수수료를 오픈 마켓이 10%, 쇼핑몰이 20%를 나눠 갖는 구조예요.

편 오픈 마켓 이야기를 하다 보니 궁금한 게 있어요. 옥션보다 후발주자인 지마켓과 11번가가 성공한 원인이 뭔가요?

박 옥션은 외국계 회사였기 때문에 철저하게 오픈마켓에 충실했죠. 판매자들이 알아서 올리고 구매자들이 알아서 구매하고 결제만 대행해주는 시스템이었어요. 그런데 지마켓은 MD가 붙었죠. 업체들과 특가상품을 만들고 행사 프로모션도 하고, 매출과 관련한 영업활동을 계속했어요. 지금은 자본력으로 옥션이 지마켓을 인수했지만, 지마켓은 이런 역사를 갖고 있습니다. 3위 후발주자로 11번가가 출발했어요. '과연 잘 될까?' 모두 고민했죠. 정말 앞뒤 보지 않고 다 같이 열심히 일했어요. 영업, 시스템, 결제, 가격 비교 등 무엇 하나 소홀했던 것이 없었죠.

이베이는 프로그램이 자동으로 항상 최저가 가격을 노출시켰어요. 저희는 MD들이 직접 조정하고 쿠폰을 발행했고요. 저희끼리 했던 농담이 있어요.

"이베이는 터미네이터로 싸우는 데 우리는 사람으로 싸우는 것 같아."

편 터미네이터와 사람이 싸우는 장면을 생각하니까 아찔하네요. (웃음)

박 이베이 MD들이 6시에 퇴근하면 저희는 그때부터 본격적으로 가격을 최저가로 맞추는 작업에 들어갔어요. 100원이라도 더 싸게 팔려고 일일이 수정작업을 했죠.

편 지금은 시장점유율 1위 11번가, 2위 지마켓, 3위 옥션인가요?

박 3년 전에 이베이에서 지마켓을 인수했지만, 개별적으로 본다면 1위가 11번가예요.

11번가 초창기 모델 피켓 앞에서

편 오픈 마켓도 MD가 많은 관여를 하나요?

박 프로모션promotion행사에는 MD가 관여해요. 오픈 마켓의 특성상 판매자들이 자유롭게 등록하고 판매할 수 있지만, 고객들이 원하는 상품에 대한 정보를 얻거나 판매자가 소비자들이 원하는 행사를 하기 위해서는 MD의 도움이 필요해요.

MD가 판매자에게 이렇게 제안을 해요.

"이번에 시즌행사를 기획하고 있어요. 프로모션 카드행사도 넣을 거고요, 고객들에게 이런 혜택을 제공하려고 하는데 사장님께서도 참여하시겠어요?

대신에 사장님께서 지금 12만 원에 파시는 물품을 이런 근거로 9만 원에 주시면 훨씬 많은 판매가 될 거예요.“

그러면 판매하시는 분들이 승인 또는 거절을 하세요. 승인하시면 오픈 마켓에서 그 상품을 프로모션해서 고객들에게 더 많이 노출하죠.

직장동료들과 함께 불우이웃 돕기 활동

온라인 거래가 이렇게 급성장한 이유는 무엇일까요

편 짧은 시간 동안 엄청난 빠른 속도로 발전하고 있어요. 온라인 거래가 이렇게 급성장한 이유는 무엇일까요?

박 통신 속도의 개선이 큰 역할을 했죠. 오프라인 거래는 지정된 공간과 한정된 영업사원, 그곳에 방문이 가능한 몇몇 구매자라는 여러 한계가 있어요. 온라인은 무궁무진해요. 공간을 무한대로 확장할 수 있죠. 물론 초창기에는 속도와 로딩 등의 문제가 있었지만 대부분 해결이 됐어요. 기술이 집약되는 거죠. 지금은 클릭 한 번에 화면이 빠르게 전환되잖아요.

전에는 내가 물건을 직접 확인해야 물건을 샀는데, 소비자들은 오프라인 매장에서 물건을 보고 온라인으로 가격 비교를 해서 구매를 하죠. 또한 모바일의 발전으로 시간, 장소 상관없이 쇼핑을 즐길 수 있다는 것이 큰 도움이 되었어요. 그리고 배송 시스템도 개선되어 이제는 보통 하루 정도면 전국 어디에서든 물건을 받을 수 있어요. 또한 안전한 결제 시스템 개발도 중요한 역할을 한 것 같아요. 신뢰를 바탕으로 카드 결제나, 무통장입금, 최근에는 다양한 페이pay를 이용해 안전 거래를 해요. 이렇게 다양한 분야의 발전으로 온라인 거래는 계속 성장할 거예요.

온라인 쇼핑몰은 우리 생활에 어떤 도움을 주나요

편 온라인 쇼핑몰은 우리 생활에 어떤 도움을 주나요?

박 전 세계에는 많은 상품이 소비자를 기다리고 있어요. 좋은 소비자를 만나기 위해서 좋은 물건을 열심히 만드는 판매자분들도 많고요. 사람들은 아침에 눈 떠서 밤에 잠들 때까지 소비해요. 자신이 원하는 가치를 충족시키는 적정한 가격의 건강한 소비를 한다면 판매자, 구매자, 시장 더 나아가 우리 사회가 좋은 방향으로 흘러갈 거예요. 온라인 쇼핑몰은 수많은 판매자와 구매자가 모여서 서로 경쟁하는 속에 물품 대금을 가장 적정 가격으로 낮출 수 있는 최적의 시장이라고 생각합니다.

온라인 거래의 문제점은 무엇일까요

편 온라인 거래의 문제점은 무엇일까요?

박 예전에는 물건값만 받고 물건을 안 보내주는 몇몇 판매자들이 있었고, 물건이 파손돼서 도착한다던가, 배송에 차질이 생겨서 늦게 도착하는 경우가 있었어요. 당연히 불신이 생기죠. 그런데 최근에는 당일배송, 4시간 배송을 경쟁력으로 내세운 쇼핑몰도 생겼어요. 이렇게 물류가 발전하고, 구매자가 구매확정을 해야만 물건값을 판매자에게 전달하는 여러 안전장치가 생기면서 온라인 거래의 문제점들은 빠르게 해결됐어요.

쇼핑몰 MD가 우리 생활에 어떤 도움을 주나요

편 쇼핑몰 MD가 우리 생활에 어떤 도움을 주나요? 사람들의 생활과 밀접한 관련이 있다고 생각하세요?

박 우리는 생활에서 끊임없이 소비 활동을 해요. 아침에 일어나서 밤에 잠이 들 때까지 계속 소비를 하죠. 어떤 분들은 자신이 무엇을 원하는지 정확히 파악해서 현명한 소비를 하지만, 어떤 분들은 더 좋은 물품과 저렴한 상품이 있음에도 불구하고 제대로 알지 못해서 사지 못하는 경우가 많아요.

쇼핑몰 MD는 뭔가에 어떤 트렌드가 파악되면 판매자, 제조자분들과 많은 대화를 해요. 개선점을 이야기 나누고, 어떤 기회를 어떻게 만들지 고민하죠. 소비자들의 유행에 맞추어 좀 더 저렴하고 질 좋은 상품들을 제공하기 위해 노력해요. 그리고 세상에 아직 없는 물품을 만들어서 유행을 이끌 수도 있어요. 이런 점들이 이 직업에 큰 자부심을 느끼게 해요.

예를 들면 다이슨 청소기 있잖아요. 그걸 집에서 자주 사용하는 MD가 벽을 뚫지 않는 거치대를 만들면 어떨까 생각해서 가구 판매자에게 아이디어를 드리면 디자인을 하고 가격을 책정해서 판매하죠. 최근에 낚시가 유행을 해요. 제가 11번가에서 낚시 카테고리를 담당하고 있는데 저도 낚시를 해 보면 용품 정리가 잘 안 되더라고요. 항상 아내에게 잔소리를 듣다 보니 낚시 수납장이 있으면 좋겠다고 생각했어요. 카테고리 담당자에게 말했더니 관심 있어 하더라고요. 제조 및 판매 업체에 전화해서 소비자들의 요구가 있는 새로운 상품 정보를 공유하고, 만들어 내는 거죠.

쇼핑몰 MD 직업의 장단점은 무엇인가요

편 쇼핑몰 MD 직업의 장점은 무엇인가요?

박 다양한 상품 정보를 알 수 있어요. 최신 유행과 유통 정보, 제조사에 대한 구체적인 정보를 알 수 있죠. 어떤 업체는 뭘 팔고, 어떤 업체는 가격이 얼마고, 어떤 업체는 이런 경쟁력을 갖고 있다는 정보들을 다 갖고 있어요. 소비유행도 전방위적으로 분석하고 있고요. 제조사들은 자신들이 만드는 물품이 속한 분야의 유행만 파악할 확률이 높아요. 그런데 MD는 아니에요. 다양한 분야의 유행을 파악해서 다각도로 연결한 후에 시너지 효과를 만들죠. 특히 내가 좋아하는 분야의 카테고리를 맡은 MD는 취미생활과 일이 거의 일치해요. 이게 제일 큰 장점이에요. 내가 좋아하는 분야의 박람회와 기업 방문, 해외 출장을 간다고 생각해 보세요. 기업에서 출시하는 시제품을 제일 먼저 사용하고 평가하는 직업이기도 해요. 제품 원가를 잘 알고 있기 때문에 개인적으로 물품을 살 때 참고하기도 합니다.

편 단점은 무엇인가요?

박 할 일이 많아요. 시장 조사, 업체 미팅, 상품 등록, 출고, 프로모션, 판매 계획, 재고 파악, 마케팅 프로모션, A/S 전반에 관여해요. 회사에서는 법무, 홍보, 재무, 마케팅, 물류, 시스템(IT), 디자인, CS 등 모든 분야의 직원들과 협업해야 가능해요.

개인적으로는 내가 지금 사야 하는 상품의 원가 및 유통 경로를 알고 있어 살 때 아주 많은 고민을 하죠. 모르는 게 약인 것 같아요. 마트에 가서 쇼핑을 하면 아내보다 제가 더 적극적이에요. 가격 비교하는 게 너무 좋아 시간을 많이 들이죠. 물건 값 깎는 달인이에요.

편 저는 굉장히 흐뭇한데요. (웃음)

인공지능이 더 잘할 것 같아요

편 온라인 쇼핑몰은 인공지능이 일을 더 잘할 것 같아요.

박 인공지능은 고객 데이터를 분석, 맞춤형 추천 기능을 제공하고 있어요. 로그인 분석을 통한 상품 제안, 맞춤 쿠폰, 최신 구매, 서치 상품 제공, 타 구매자의 정보, 가격 비교 등을 제공해요.

빅 데이터, AI 등을 통해 정보를 수집하고 파악해서 고객 데이터를 분석하죠. 그리고 가장 적합한 상품을 좋은 시기에 소비자에게 제안하고요. 인공지능의 역할이 점점 커질 것 같아요. 하지만 요즘 구매자들의 요구는 더 다양하고 세심해요. 이런 부분까지 다 만족시키려면 MD의 역할이 더 전문화해야겠죠. 그리고 판매 업체를 관리하고 소비자의 물품 구매와 사후 관리까지 책임져야 하는 역할도 함께 커질 것으로 생각합니다. 무언가를 책임지고 조율하는 역할은 프로그램이 할 수 없는 일이니까요.

편 내가 딱 원하는 물품이 제일 상단에 위치하는 게 신기해요. 프로그램이 자동으로 물품을 배열하나요?

박 온라인 쇼핑몰에는 잘 판매되는 상품에 대한 로직 logic이 있어요. 구매자들이 갑자기 어떤 상품에 몰리게 되면 그 상품 점수가 올라가요. 판매 등급이라고 하는데, 그게 올라갈수록 해당 물건은 상품 목록의 상단에 올라가죠. 그럼 더 많은 사람에게 그 상품이 노출되겠죠.

편 인공지능이 쇼핑몰에서 어떤 역할을 할까요?

박 소비자 입장에서 생각하는 인공지능과 기업의 이윤을 추구하는 인공지능 두 가지를 생각해보죠.

고객은 내가 원하는 물품을 제일 저렴한 가격에 구입하길 원하고, 기업은 고객의 성향을 파악해서 이익을 극대화할 수 있는 방향으로 가길 원하죠.

최근에 음성으로 물품을 주문하는 쇼핑도 점점 늘어나고 있어요. 예를 들어 소비자가 "화장지를 주문해줘"라고 말하면 프로그램이 소비자의 성향과 기업의 마진을 생각해서 물품을 추천하는 시스템이죠.

편 모바일 쇼핑이 앞으로 계속 강세일까요?

박 2~3년 전부터 쇼핑몰의 매출은 PC에서 모바일 쪽으로 70% 정도 넘어갔어요.

PC는 공간적인 제약이 있지만, 모바일은 아니에요. 그러다 보니 할인행사도 모바일 애플리케이션에서 더 많이 하고요. 쇼핑몰의 홈페이지나 상품 상세페이지도 모바일에 맞는 디자인을 계속 연구하죠. 최근에는 음성인식과 눈동자의 움직임 그리고 사용자의 어떤 행동을 인식해서 상품을 찾거나 주문이 되는 프로그램이 나올 것 같아요.

편 쇼핑의 신세계가 열리겠네요.

고가 제품을 온라인에서 구매하는 이유는 무엇인가요

편 최근에는 가구, 보석 등의 고가 제품도 온라인에서 구매해요. 왜 그런가요?

박 100만 원 이상의 제품들이나 한번 사면 10년 이상 사용하는 가구들의 경우 직접 눈으로 확인하고 사는 게 당연할 것 같지만 소비자들은 이제 오프라인 매장의 제품과 온라인이 같다는 걸 충분히 인식하고 있어요. 특히 온라인의 최고 장점은 상품평이죠. 매장에 가면 영업사원들의 이야기를 참고하지만, 온라인에서는 그 상품을 직접 사용하고 있는 사용자들의 생생한 후기를 읽을 수 있어요. 좋은 말도 있고, 나쁜 말도 있죠. 솔직하고 다양한 후기를 상품 구매에 참고할 수 있어요. 그리고 반품 시스템이 잘 되어 있는 것도 온라인의 장점인 것 같아요. 언제든지 반품해서 환불받을 수 있으니까요.

MD가 상품 AS에도 관여 하나요

편 MD가 상품 AS에도 관여 하나요

박 예전엔 오픈 마켓이 물건을 팔면 그냥 끝이었지만 이제는 고객들이 그 이상의 많은 서비스를 요청해요. 예를 들어 1년 동안 사용한 물건에 문제가 생겼어요. 그럼 AS가 필요하잖아요. 업체가 계속 영업을 하면 그 업체를 통해서 문제를 해결하면 되는데, 판매자가 수입업체거나 없어진 경우라면 AS를 받을 수 없어요. 그런 경우에는 MD가 유사업체를 찾아내거나 그 서비스를 제공할 수 있는 업체를 찾아서 소비자와 연결하죠.

편 고객 불만 서비스를 상담하는 팀이 따로 있잖아요?

박 맞아요. 그런데 판매 및 제조업체에 대해서는 저희가 제일 많은 정보를 갖고 있어요. 상담팀이 상품 MD만큼 많은 업체 정보를 갖고 있지 않으니 결국 저희에게 연락이 와요. 예를 들어 소파를 사용하는데 찢어졌어요. 그런데 제조업체가 연락이 안 되면 그 옆 공장 거래 업체가 있으니, 적정한 금액대를 정해서 천갈이를 해드리는 거죠.

물건을 많이 만들었는데 별로 안 팔리면 어떻게 해요

편 MD의 추천으로 물건을 많이 만들었는데 별로 안 팔리면 어떻게 해요?

박 물론 결정은 MD와 판매자가 함께 했지만, MD에게도 도의적인 책임이 있잖아요. 그러면 여러 유통채널을 제공해 드리려고 노력해요. 처음에는 제가 팔다가 오프라인 MD를 연결해 드리기도 하고, 다시 원가를 계산해서 가격대를 낮춰 행사를 벌이기도 하죠.

편 MD가 많은 권한을 갖고 있네요.

박 책임은 판매자와 MD가 함께 갖고 있지만 그래도 MD를 믿고 해 주신 거기 때문에 어떤 문제가 발생했을 때 해결하려고 노력하죠. 그래야 신뢰가 쌓여서 MD가 판매자에게 어떤 제안을 했을 때 판매자도 보다 긍정적으로 검토할 수 있어요.

미래에도 필요한 직업인가요

편 미래에도 필요한 직업인가요? 쇼핑몰은 인공지능 프로그램이 제일 빨리 적용되는 분야일 것 같아요.

박 맞아요. 기술은 매우 빠른 속도로 발전하고 있어요. 빅 데이터Big Data, 인공지능(AI)Artificial Intelligence이 계속 화두가 돼요.

오픈 마켓은 매우 많은 정보들을 갖고 있어요. 어떤 고객들이 뭘 사고, 어떤 시즌에 어떤 상품이 잘 팔리고, 어떤 판매자는 배송일이 평균 며칠이며, 소비자들이 쇼핑하는 수단이 모바일인지 노트북인지 등 너무 다양하죠. 이런 모래알 같은 규칙적인 정보들을 빅 데이터라고 해요. AI는 프로그래밍programing에 의해 데이터를 가공해서 질문자가 원하는 결과 값을 산출해요. 빅 데이터나 인공 지능은 워낙 광범위한 개념이라 제가 구체적으로 설명하긴 어려울 것 같아요. 다만 쇼핑몰 MD인 제 입장에서 말할게요. 제가 로그인을 하면 로그인 값이 입력돼요. 그 값에 내가 며칠 전부터 어떤 상품을 클릭하고 어떤 상품을 장바구니에 담았으며 그중에서 무엇을 주문했는지 정보가 입력되어 있죠. 특히 내가 가장 최근에 본 상품을 구매할 확률이 높거든요. 다른 사이트로 넘어가더라도 그 회사와 우리가 계약되어 있는 경우에는 프로그램이 최저가 상품을 페이지에 계속 노출하죠. 그럼 뉴스 기사를 보더라도 나중에는 그 상품 페이지에 들어가서 구매를 하게 돼요.

편 일을 잘하네요.

박 꼭 그렇지는 않아요. 고객들에게 정확한 데이터를 제공하는 기술은 더 고도화해야 해요. 내가 물건을 실수로 클릭하거나 가족 중에 누군가 제 아이디로 클릭할 수도 있잖아요. 프로그램은 그런 부분을 알 수 없죠.

직장 동료들과 송년회, 선물 나누기

편 결국 사람의 역할이 필요하네요.

박 AI는 기존의 데이터를 조합해서 새로운 정보를 만들어 내요. 앞으로 더욱 고도화하겠죠. 언젠가는 인간의 욕망을 읽는 프로그램이 개발될 수도 있어요. 커피를 마시는 어떤 사람이 도넛을 먹고 싶다고 느끼는 순간, 도넛을 옆에 갖다줄 수도 있겠죠. 기술이 계속 발전해도 이 산업의 종사자들은 더 늘고 있어요.

왜냐하면 카테고리가 점점 세분화하고 있거든요. 예전에는 담당자 한 명이 여러 개의 카테고리를 담당해도 큰 문제가 없었어요. 그런데 최근에는 모든 분야가 전문화하면서 한 분야를 깊고 세밀하게 파악하고 있어야 해요. 앞으로 AI가 어느 부분은 대체할 거예요. 그런데 쇼핑이라는 게 인간의 욕망과 결부되어 있다 보니 더 세밀한 인간의 요구를 파악하고 그에 대처하는 부분은 인간 노동의 고유 영역으로 오랫동안 남을 것 같습니다.

쇼핑몰 MD의 세계

카테고리별 정보와 지식을 어떻게 습득하세요

편 카테고리별 정보와 지식을 어떻게 습득하세요?

박 가장 좋은 방법은 업체 관계자분들을 통해서 제품, 경쟁사, 제조, 유통, 판매 등의 노하우를 전수받는 거죠. 주말에는 지방의 제조업체를 방문해서 공장도 견학하고 물품도 같이 만들고 배송도 따라다니면서 직접 공부해요. 마트, 재래시장, 백화점을 찾아가서 상품과 가격을 비교하고, 사람들의 장바구니 안의 상품을 살피는 등 고객 트렌드를 파악해요.

중국 공장이나 해외 박람회에 참석해서 다른 나라의 유행을 공부하고, 전문 잡지, 서적, TV 홈쇼핑 시청을 하죠. 드라마 한 편을 보더라도 인테리어나 소품들을 살펴보죠. 무엇보다 카테고리와 관련한 동호회에 가입해서 취미 활동에 참여하고 마니아들과 교류합니다.

상품 준비는 어떻게 하나요

편 상품 준비는 어떻게 하나요?

박 상품 준비에는 여러 가지 방법이 있어요.

01_ 이미 온라인에서 판매되는 상품은 제조사 중심으로 최적의 가격으로 판매할 수 있게 시즌 세일, 프로모션 등을 조율합니다. 잘 판매되는 제품은 물량 조정을 위해 중국 공장과 협의를 진행하고요.
그 외에도 외국 브랜드 단독 입점을 추진하거나 해외배송 시스템을 마련해요.

02_ 유통 구조상 아직 온라인 판매가 안 되는 자동차 등의 상품은 다양한 매체, 업체, 이해 기관들과 협의를 해서 해결 방법을 모색합니다.

03_ 신상품 및 향후 개발 상품은 시안, 디자인, 가격 책정, 출시 계획, 프로모션 방법 등을 협의해요.

어떤 사건, 사고가 일어나나요

편 어떤 사건, 사고가 일어나나요?

박 상품 정보를 잘못 등록하는 사고가 제일 자주 일어나요. 예전에 모 가구 회사의 119,000원짜리 상품이 59,000원으로 잘못 표기되어서 2시간 만에 5천개 이상 판매되었어요. 5천 명 고객에게 일일이 전화를 해서 가격 오류를 말씀드리고 취소처리 요청을 해야 하는데, 쉽지 않죠. 자발적으로 취소해 주시는 분들도 계시지만 그게 아니라면 손해가 나더라도 물건을 판매하거나 보상을 해 드려야 해요.

그리고 상품 설명서의 오류로 소비자원을 통해 분쟁을 해결하거나 판매 업체가 의도적으로 MD를 속여서 물건을 판매한 사건도 있어요. 11번가는 위조품 보상제를 실시해서 소비자 피해를 최소화하고 있어요.

그리고 말도 안 되는 가격 프로모션을 통해 쇼핑몰 시스템을 마비시키는 블랙 마케팅Black Marketing도 있습니다. 그 외에 상표권, 의장등록, 특허 관련 분쟁은 너무 많아요.

MD만의 독특한 삶의 방식이 있나요

편 MD만의 독특한 삶의 방식이 있나요?

박 계산기를 항상 갖고 다녀요. 마진율이 중요한 직업이기 때문에 숫자에 대한 개념이 중요해요.

식당에 가서 밥을 먹더라도 메뉴의 종류, 고객 수, 점원 수, 메뉴의 원가, 임대료, 세금 등을 다 고려하면 '점심시간에 최소 몇 명 이상의 고객이 와야겠네.'라고 버릇처럼 생각해요.

자기가 맡은 카테고리에 초집중해요. TV, 영화, 남의 집을 방문하더라도 내 카테고리와 관련한 것들을 찾아내서 관찰하죠.

여유시간에는 뭐 하세요

편 여유시간에는 뭐 하세요?

박 새로운 시도를 하려고 노력해요. 안 가본 곳, 경험하지 못한 것들을 찾아내서 시도하죠. 새로운 걸 보면 '이걸 상품화하면 어떨까?'라고 생각해요.

특히 매주 시장이나 마트, 백화점에 가서 다른 사람들의 장바구니를 살펴봐요. 그리고 마트의 좌판 행사 상품을 보면 다음 주에 내가 어떤 일을 해야 할지 감이 오거든요.

입사 초기, 회사 산악회원들과 태백산 겨울 산행

실적은 어떻게 평가받나요

편 MD는 실적을 어떻게 평가받나요?

박 평가가 좀 어려워요. 어떤 카테고리는 성장 추세이고, 어떤 카테고리는 시장이 정체됐거나 상업성이 떨어지기도 해요. 물론 그 속에서 MD가 새로운 아이템을 발굴해내 죽어가는 시장을 살리기도 하죠. 그러면 그 사람은 스타 MD가 돼요.

편 그런 경험이 있으신가요?

박 디앤샵 쇼핑몰에 있을 때 가구 카테고리를 담당했는데 실적이 좋아서 대상을 받았어요. 이렇게 이야기하다 보니 열정이 샘솟네요.

저처럼 대기업 쇼핑몰에 속한 MD는 보통 상반기, 하반기 두 번의 평가를 받아요. 보통 연말에 내년 영업 계획서를 제출하는데 그 계획서와 비교해서 내가 거래액을 작년 대비 얼마를 높였느냐, 신규 히트 상품은 몇 개냐, 판매자가 거래액을 얼마나 올렸느냐 등의 지표를 분석하죠.

MD는 자신이 제출한 영업 계획을 달성하기 위해 시장 조사도 하고, 고객도 만나고 해외 출장을 가거나 공부도 해요.

물론 평가 지표는 MD 연차나 능력에 따라 달라질 수 있어요. 베테랑 MD는 시장 거래액만 맞추는 목표 달성보다는 새로운 시장이나 서비스를 개척하기를 바라죠. 이렇게 MD마다 다른 계획 및 목표가 들어간 합의서를 쓰고 일 년의 업무 수행 후 항목별 채점을 해요. 연봉 협상이나 인센티브에 반영되죠.

편 실시간으로 실적을 확인할 수 있기 때문에 스트레스가 있을 것 같아요.

박 연간 매출 목표를 월별로 나누고, 그 숫자를 주별로 나누죠. 주별 목표를 나누면 매일의 목표가 나오잖아요. 그럼 내가 오늘 해야 하는 목표가 산출되죠.

어떻게 보면 MD는 매일 매일 냉정한 평가를 받는 직업인 것 같아요. 실적이 좋으면 새로운 시도를 할 때 많은 지지를 받을 수 있고, 실적이 안 되면 눈치를 볼 수밖에 없어요.

편 실적에 대한 스트레스를 감당해야겠네요.

박 성취욕이 있는 사람들은 잘 감당하는 것 같아요. 그리고 내공이 쌓이면 그 스트레스를 푸는 방법을 터득하기도 해요.

편 좋은 상품을 발견하는 노하우가 있나요?

박 상품은 아는 만큼 보이는 것 같아요. 내가 그 분야에서 일한 경험이 있는지, 공부했었는지 중요해요. 많이 써보고 체험하고, 소비자들의 사용 후기를 들여다봐요. 사실 저는 좋은 상품을 발견하는 것보다 좋은 상품을 개발하기 위해 노력해야 한다고 생각해요.

좋은 업체와 관계를 유지하면서 그 상품이 나왔을 때 제일 먼저 판매할 기회를 잡아야죠. 그리고 나의 사용 후기와 타 상품과의 비교, 소비자들의 의견을 업체에 전달해요. 그럼 더 좋은 상품으로 제조를 하거나 수입을 하죠. 이게 바로 상품을 개발하는 방법이에요.

기억에 남는 상품과 아쉬운 상품은 무엇인가요

편 가장 기억에 남는 상품과 아쉬운 상품은 무엇인가요?

박 많은 상품이 기억나요. MD가 되어서 최초로 개발했던 캐릭터 욕실 세트, 아동용 수납 가구, 침대 겸용 소파도 있었죠. 소파의 경우 일본에서 이 제품을 본 업체 사장님이 같이 판매해 보자고 제안했어요. 1인 가구가 많아지는 상황이어서 정말 대박이 났습니다. 그 업체 사장님은 큰 부자가 되셨대요. (웃음)

아쉬운 상품은 좌식 소파에요. 어르신들을 위한 상품을 계획해서 협력업체에 제안했는데 기본 물량만 판매되고 그쳤어요. 어르신들은 앉았다 일어나는 게 어렵기 때문에 입식 소파가 편하셨죠. 그리고 방 안의 공간을 차지하는 게 불편하셨대요. 새로운 시도는 좋았지만, 소비자들에게 큰 만족은 드리지 못한 거죠. 만족을 못 시켰던 것 같아요.

발 파스라고 있어요. 발바닥에 붙이면 나쁜 독소가 빠져나간대요. 일본 제품이라고 알려져서 큰 유행을 했는데 사실 그 제품은 한국 업체가 제조했어요. 우리나라에는 많은 제조사와 공장들이 있어요. 물건을 잘 만들지만, 브랜드가 없어서 가격을 제대로 평가받지 못하는 것 같아요. 물론 브랜드를 갖기 위해서는 철저한 제품 관리와 마케팅이 필요해요. 그런데 제품은 잘 만들지만, 홍보비용 등이 부족한 경우가 많아요. 소비자 입장에서도 브랜드 상품 이상의 가치가 있는 좋은 제품들을 많이 접하면 생활이 훨씬 윤택할 거예요. 그런 안목을 우리 사회가 가지면 좋겠어요. 그리고 그 역할을 하는 사람들이 쇼핑몰 MD라고 생각합니다.

11번가에서 개최한 건강 달리기 대회 참가

특별히 기억나는 판매자, 구매자가 있나요

편 특별히 기억나는 판매자, 구매자가 있나요?

박 MD 초창기에 만났던 프리마 가구의 이기능 사장님이 가장 기억에 남아요. 책상을 제조, 판매하는 업체였는데, 이분은 가구를 만드는 사람이 어떤 마음을 갖고 있어야 하는지 가르쳐 주셨어요. 한번 미팅을 하면 상담실에서 2~3시간씩 같이 고민했어요. 저는 단가를 낮추자고 말씀드리는데, 사장님은 가구는 한번 사면 10년 이상 쓰는 제품이라 그렇게 만들면 안 된다고 하셨죠. 자기 자식이 쓰는 것처럼 디자인과 품질을 중요하게 생각하셨어요. 부모님이 농사지은 쌀도 먹어보라고 보내주시고, 더운 여름날에는 공장 옆 개울에서 같이 삼계탕도 끓여 먹었어요. 가끔 MD로서 힘든 순간이 오면 이 사장님을 떠올려요. 상품 판매자분들 중에는 매출보다 구매자 입장에서 좋은 상품을 만들기 위해 노력하시는 분들이 정말 많아요. 그 분들을 떠올리며 좋은 상품을 개발하고 판매하는 게 MD의 사명인 것 같아요. 이 지면을 빌려서 제가 이 자리에 있게 해 주신 모든 협력업체 분들께 다시 한번 감사드리고, 존경한다고 말씀드리고 싶습니다.

제 업무의 특성상 구매자를 직접 만날 기회는 없지만, 예전에 제 얼굴을 걸고 MD 추천 기획전을 2년 정도 진행했을 때, 항상 좋은 상품을 추천해줘서 감사하다는 구매평을 보며 자부심을 느꼈던 기억이 납니다.

가장 큰 성취감을 느끼는 순간은 언제인가요

편 가장 큰 성취감을 느끼는 순간은 언제인가요?

박 오랫동안 준비한 상품이 판매되기 시작하는 그 순간이죠. 시스템으로 실시간 판매 수량을 체크할 수 있는데, 한 번 클릭할 때마다 판매 숫자가 올라가면 짜릿한 쾌감을 느껴요.

그리고 지인들이 제가 담당하는 카테고리의 상품을 문의했을 때 최적의 상품을 찾아 제안해요. 사람들이 사용하고 나서 정말 좋은 제품을 알려줘서 고맙다고 연락을 하면 너무 기쁩니다.

MD만의 특별한 소통 방법이 있나요

편 MD만의 특별한 소통 방법이 있나요

박 저는 문자나 메신저보다 가능하면 만나서 이야기하려고 노력해요. 만나서 대화하다 보면 상대방의 생각과 의도를 이해할 수 있어요. 그러면 제 상담도 더 진지해지고요. 소비자와의 소통은 절대 쉽지 않아요. 하지만 잘 생각해 보면 제 주위의 모든 사람이 소비자예요. 그들의 입장에서 생각하려고 노력해요. 그러다 보면 소비자들이 무엇을 원하고 어떤 생활을 하는지 이해하게 됩니다. 소비자에 대한 깊은 이해가 상품 개발로 이어지는 것 같아요.

이 직업을 잘 표현한 작품이 있나요

편 이 직업을 잘 표현한 작품이 있나요?

박 MD를 소재로 한 작품은 없지만 예전에 거상 임상옥의 일대기를 그린 〈상도〉라는 드라마가 있었어요. MD와는 다르지만, 중개 사업을 하는 사람의 신뢰와 사람 됨됨이가 중요하다는 것을 잘 표현한 것 같아요. 그리고 어려운 상황에서 거래를 성사시키는 주인공의 직업이 MD와 비슷하다는 생각을 했습니다.

편 MD는 어떻게 쇼핑하는지 궁금해요

박 보통의 부부는 쇼핑하러 가면 여자가 더 적극적이잖아요. 그런데 저희는 반대예요. 아내보다 제가 더 부지런히 다니면서 물건들을 살피고 가격대를 기억하죠. 유행은 뭔지, 신제품은 어떤 게 나왔는지, 내가 담당하는 카테고리에 어떤 영향을 줄 수 있는지 면밀히 살펴요. 특히 제가 꼭 들르는 곳은 침구류 판매대예요. 침구의 색상이나 무늬가 제일 빨리 바뀌어요. 침구의 색상과 무늬를 보면 가구의 유행을 예측할 수 있고요.

패션도 원단이 중요하기 때문에 침구의 유행과 별개가 아니에요. 이렇게 모든 카테고리가 완전히 똑같지는 않지만 어떤 연관이 있다는 걸 계산하고, 곧 다가올 유행을 예측해요.

편 쇼핑 이야기를 하니까 눈도 번쩍 뜨이고, 너무 재미있네요. (웃음)

박 저는 마트에 가면 다른 사람들의 장바구니를 많이 살펴봐요. 어떤 사람이 고른 물품들을 보면 그 사람의 성향을 알 수 있어요.

'저 사람은 이런 패턴과 소비 성향을 갖고 있어. 저 사람이 내가 담당한 카테고리의 고객이라면 나는 이런 상품을 기획하고 판매해야지!' 라고 생각하죠. 내 실생활과 일이 일치하는 것 같아요.

마트의 행사 매대를 꼼꼼히 살펴요. 행사 매대에서 판매한다는 건 제조회사에서 그 물건을 밀어낸다는 뜻이에요. 싼 값으로 밀어내기 때문에 그 물건을 사는 게 합리적이에요. 저스트 타이밍 just timing이라는 표현을 쓰죠. 캠핑 시즌에는 캠핑 물품들을 쫙 펼쳐놓고 팔아요. 물놀이 시즌에는 물놀이 용품을 행사 매대에서 팔고요. 온라인 쇼핑몰은 오프라인 매장보다 한발 앞서야 해요. 온라인 쇼핑몰의 해당 카테고리 행사가 끝나는 시기에 오프라인 매장에서는 그 행사를 시작하죠.

편 쇼핑할 때 불편한 점은 무엇인가요?

박 제가 불편한 점은 없지만, 지인들에게 쇼핑과 관련한 부탁을 많이 받아요. 좀 더 싸게 살 수 없는지, 당장 필요한 물품이 있는데 빨리 받아볼 수 있는 방법이 없는지 문의를 많이 받죠.

편 쇼핑 상담을 해 주시는 거네요.

박 맞아요. 지인들에게 고맙다는 인사를 들을 때도 있고, 제 상담이 만족스럽지 않을 경우에는 욕을 먹기도 해요. (웃음)

편 쇼핑은 내가 많이 고민해서 결정해도 늘 뭔가 아쉬운 느낌이 있잖아요. 당연히 전문 MD의 조언이 있다고 해도 결정하고 나면 아쉬움이 따를 거라고 생각해요.

가장 많이 접하는 직업군은 무엇인가요

편 가장 많이 접하는 직업군은 무엇인가요?

박 제조 회사예요. 특히 유통 파트죠. 제조 회사에서 저희 쇼핑몰에 직접 입점하기도 하고, 제조사에서 물건을 받아서 유통하는 회사가 입점하는 경우도 있어요. 제조 회사의 대표님, 영업 총괄 담당자들을 많이 만나요.

편 회사 내부에서는 어떤 파트랑 제일 긴밀하시나요?

박 프로모션promotion팀이랑 자주 만나요. 우리 회사는 11일 관련한 행사를 많이 해요. 프로모션 담당자와 어떤 상품에 어떤 혜택을 정할 건지, 카드 혜택과 멤버십 혜택을 어떻게 조율할 건지 정하죠. 행사 내용이 정해지면 구체적인 페이지를 만들어야 하니까 디자인팀을 만나요. 기획자인 나는 여기에 이런 이미지와 문구를 넣으면 좋겠다고 의견을 내요. 이 부분은 이렇게 강조해 달라고 이야기하죠. 그리고 고객지원팀도 많이 만나요. 고객들의 건의사항에도 귀를 기울이고, 소비자 분쟁이 일어나면 법무팀도 만나죠.

편 타 쇼핑몰의 MD도 만나나요?

박 그럼요. 예를 들면 CJ 몰에서 11번가 우리 카테고리에 들어와 행사하고 싶다고 담당 MD로부터 연락이 와요. 오픈 마켓이 백화점에 있는 상품들을 판매하려면 직접 그 물건을 가지고 와서 팔거나 백화점 쇼핑몰과 제휴를 맺어야 해요. 시간이 걸리죠. 이런 방법보다 백화점 mall의 상품을 연동해서 파는 게 훨씬 더 빨라요. 실시간으로 계속 업데이트up-date가 되죠. 백화점의 입장에서는 저희가 가격을 낮춰서 팔면 입점한 가게들의 항의를 받을 수 있는데 오픈 마켓과 백화점 mall을 연동하면 그런 위험 부담도 적죠.

같은 카테고리 담당 MD들의 모임도 있어요. 경쟁자이기도 하지만, 같은 업무를 하는 사람들의 동질감을 느낄 수 있어요. 최근 업계 동향이나 업체 정보 등을 교류하고, 체육대회 등으로 친목을 돈독하게 다져요.

연차나 업무에 따라 MD의 업무도 나누어지나요

편 연차나 업무에 따라 MD의 업무도 나누어지나요?

박 업무에 따라 개발 MD, 관리 MD, CS MD 등으로 나누기도 해요. 시장이 커지면서 점점 세분화하겠죠.

현직 MD들도 고민이 많아요. A부터 Z까지 전부 담당하니, 업무가 많기도 하고 효율이 떨어질 때도 있어요. 그래서 예전에는 보조 MD를 두기도 했는데 최근에는 거의 없어졌어요. 예전에는 카테고리 매니저라고 불리는 CM도 있었는데, 여러 명의 MD를 관리하는 일이었죠. 그런데 회사마다 개념이 약간 달라서 한마디로 정의하기는 어려워요.

해외 직구는 어떻게 관리하나요

편 해외 직구는 어떻게 관리하나요?

박 직구도 있고, 역직구 즉 국내 물품을 해외에 파는 전문 MD도 있어요. 외국어 능력도 있어야 하고 다른 나라의 문화나 상품을 잘 파악하고 있어야 해요. 아무래도 외국에 거주했던 경험이 중요하겠죠. 그리고 외국 판매자들과의 협의 등으로 업무 시간이 시차에 따라서 바뀌어요. 미국 판매자분들을 상담하는 해외 담당 MD는 저녁 시간에 일해야 하는 경우가 많죠.

편 11번가도 해외 직구, 역직구를 운영하나요?

박 중국어, 영문 사이트가 있고 그쪽에 별도로 MD들이 있어요. 국내 물품들을 번역해서 올리기도 하고, 외국에 진출하려고 하는 업체들을 따로 관리하기도 해요.

편 쇼핑몰 시장이 굉장히 크네요.

박 우리나라 사람들이 직구도 많이 하지만, 우리 물품들을 사려고 하는 외국 사람들도 많아요. 시장의 규모가 점점 커지면 국내 사이트, 외국 사이트의 구분도 점점 모호해질 것 같아요.

MD 연봉은 어떻게 되나요

편 MD 연봉은 어떻게 되나요?

박 대졸자 공채로 들어오면 정해진 기본급과 인센티브를 받아요. 20년 차 MD인 저는 대기업 부장급의 연봉을 받고 있습니다. 회사 규정에 의해서 공개는 어렵습니다. 양해를 부탁드려요.

편 잘 알겠습니다. 연봉 이야기를 하다 보니 갑자기 호칭이 궁금해지는데요, 11번가는 직급을 부르나요? 아니면 '박종복 MD님'이라는 호칭을 사용하나요?

박 예전에는 팀장님, 매니저로 호칭을 했는데 최근에는 박종복님, 누구님 이런 식으로 바뀌었어요. 수직적인 조직보다는 수평적인 조직이 소통 장벽을 낮추고 업무 효율을 높이기 때문인 것 같아요. 사장님도 OOO님으로 호칭합니다.

MD는 판매자 편인가요, 구매자 편인가요

편 MD는 판매자 편인가요, 구매자 편인가요

박 MD는 상품을 팔려고 노력하는 사람이에요. 판매자들은 제일 큰 아군이라고 느끼죠. 업체의 실적이 MD의 실적이 되기도 하고요. 물론 구매자들을 위해 프로모션에 업체들을 참여시켜야 하고 서로 대립할 때도 있지만 MD는 가장 좋은 판매를 권하고 최종 판단은 업체에서 해요.

카테고리 하나에 몇만 개의 업체가 있어요. MD가 모든 판매자를 도와드릴 순 없지만, MD를 믿고 따라와 주시는 업체들에 대해 책임감과 애정을 갖고 있습니다.

자기 계발은 어떻게 하나요

편 자기 계발은 어떻게 하나요?

박 뭐든지 직접 해보려고 노력해요. 간접 경험이나 듣는 거로는 충분하지 않아요. 예를 들어 경제 수준이 높아져서 사람들의 소득이 올라가면 해양 스포츠 산업이 발전한대요. 서핑, 보트, 요트 그런 거요. 이 카테고리는 어떤 게 장점이고 어떤 시장을 가졌는지 알려면 직접 경험해야죠. 사람들을 직접 만나서 조언도 듣고요. 어떤 사람들은 자신이 담당하는 카테고리를 직접 경험하기보다는 사람들의 이야기로 접근하는 경우가 있어요. 물론 매출도 잘 나오고요. 그럼 저는 속으로 생각해요. '저 사람이 카테고리를 직접 경험해 본다면 결과가 지금보다 더 잘 나올 텐데.'

저는 최근에 자전거에 빠져 있어요. 3일 동안 서울에서 부산까지 자전거를 타고 갔어요.

'내가 이걸 왜 하지?' '그냥 버스 타고 올라갈까?'라는 생각을 수없이 했어요. 그런데 하고 나니 자전거를 타는 사람들의 성취감도 공감하고, 장비에 대해서도 제대로 배웠어요. 동영상이나 자료를 통해 자전거에 대해 아는 것과 직접 경험하

회사 동료들과 용평에서 강릉까지 자전거 여행

는 건 큰 차이가 있어요.

MD는 탁월한 사업가일 것 같아요

편 MD는 탁월한 사업가일 것 같아요. 사업하고 싶지 않으세요?

박 MD는 특정 카테고리에 대한 많은 정보를 갖고 있기 때문에 나중에 사업하시는 분들도 많아요. 성공한 경우도 많고요. 그런데 결국 개인의 역량인 것 같아요. 사업은 하나의 아이템을 성공시켰다고 끝나는 게 아니잖아요. 연속성이 있어야 해요. 하나의 아이템이 아무리 큰 성공을 거둬도 길게 가야 2~3년이거든요. 사업은 그런 아이템을 계속 개발해야 되니까 이 일보다 스트레스가 더 클 것 같아요. 특히 요즘은 정보의 흐름이 너무 빠르고 실행자들도 많죠. 저는 사업가보다 MD로 퇴직하고 싶어요. 이 일이 너무 재미있어요.

자신의 관심 분야와 관련된 MD가 되나요

편 자신의 관심 분야와 관련된 MD가 되나요?

박 네, 맞아요. 보통은 내 전공과 관련된 카테고리로 발령을 받아요. 의상 디자인을 전공한 사람을 식품 MD로 발령 낼 이유가 없죠. 물론 한 카테고리를 몇십 년 하다 보면 지루해요. 그럴 때는 자기가 관심 있는 다른 분야로 언제든지 갈 수 있어요. 예를 들어 어떤 사람이 패션을 전공했지만, 승마를 너무 좋아해요. 그러면 그쪽 카테고리로 갈 기회가 얼마든지 있어요. 내 취미와 일을 동시에 즐길 수 있는 일이 바로 MD라는 직업이에요. 내가 좋아하는 분야에 종사하는 분들을 만나고, 그 물품들을 좋아하는 소비자들을 만난다고 생각해 보세요.

편 상상만 해도 재미있어요.

박 저는 지금 11번가에서 낚시 카테고리를 맡고 있어요. 원래 취미가 낚시예요. 휴식이 필요할 때 낚시를 했는데 지금은 이쪽 분야를 전문적으로 이해하기 위해 낚시 기술, 용품, 유행, 사람들의 소비패턴 등을 연구해요. 원래 제 취미인데, 일이 되면서 그 매력에 더 깊이 빠지는 것 같아요. 제 인생에서 두 배

제주도 참돔 낚시, 낚시를 직접 해보면서 카테고리를 이해하고 상품을 준비한다

의 기쁨이 되는 것 같아요. 쇼핑몰 MD의 가장 큰 장점은 나의 취미와 일을 동시에 누릴 수 있다는 거예요.

사람들은 자신이 관심을 갖는 분야에 대해 깊이 파고들어요. 그게 자기 일이 되면 좋겠지만 현실적으로 그러기는 쉽지 않아요. 그런데 MD는 사무실에서 떳떳하게 자신이 관심을 갖는 키워드들을 깊이 있게 파고들 수 있어요. 물론 매출에 대한 스트레스가 있어요. 그렇지만 취미와 일을 동시에 잡을 수 있는 직업이 이 세상에 몇 개나 될까요? 취미 생활과 일을 동시에 할 수 있는 멋진 직업이 쇼핑몰 MD라고 생각합니다.

차에 캠핑과 자전거 라이딩 장비를 싣고 여행 출발

자전거 캠핑, 자전거를 타고 가서 캠핑을 하고
돌아 오는 것

한강 아라뱃길에서
잠시 휴식

자전거 캠핑을 직접 경험해봐야 어떤 장비가
소비자들에게 필요한지 알 수 있다

자전거 캠핑 중 그물침대에서 쉬고 있다

쇼핑몰 MD의 꿈은 무엇인가요

편 쇼핑몰 MD의 꿈은 무엇인가요?

박 나와 함께 시작한 업체가 대기업으로 성장하면 좋겠다는 꿈을 갖고 있어요. 잘 안 돼서 사라질 수도 있겠지만 반대로 우리나라에 없어서는 안 될 대기업이 될 수도 있어요. MD는 어떤 업체가 어떻게 시작했고 성장했으며, 어떤 어려움을 겪고 지금의 자리에 서 있는지 다 알고 있어요. 업체분들은 MD인 저를 기억 못 할 수도 있지만 저는 그분들을 기억하죠. 나와 거래하는 모든 업체가 정말 잘 되면 좋겠다는 바람을 갖고 있어요. 저 업체가 저렇게 성장하는 데 나도 조금은 보탬이 되었다는 뿌듯함이 이 직업의 가장 큰 보람인 것 같아요.

며칠 전에 명함첩을 꺼내 보았어요. 명함이 1만 개 조금 안 되게 있는 것 같아요. 내가 만난 사람들의 숫자와 일치하겠죠. 이 명함첩은 제 직업의 역사인 것 같아요. 한 두 시간 짧게 만난 사람부터 몇 년 동안 함께 한 사람들까지 가지각색이에요. 물품에 대한 이야기부터 유행, 소비자, 경제 지표에 대한 이야기를 했겠죠. 그러다가 서로 친해지면서 삶에 대한 고민도 나누었던 것 같아요. 서로의 인생 이야기를 나누면서 배운 것도 정말 많아요. 쇼핑몰이라는 시장 때문에 만났지만 그곳에서 만나는 건 결국 사람이고, 인간관계죠. 인터넷 쇼핑몰이 차가운 시장 같지만 결코 그렇지 않다고 생각해요. 물건을 파는 판매자, 물건을 사는 구매자에게는 각자 삶의 숙제, 이야기가 있어요. 물건을 팔고 산다는 건 삶의 교류와 똑같다고 생각해요. MD인 저는 누구보다 그 점을 잘 알고 있어요. 우리 쇼핑몰에서 물건을 파는 판매자도 계속 성장하고, 구매자들도

11번가 전사 워크숍에서 풍물놀이 공연

행복한 그런 따뜻한 온라인 시장판을 만드는 게 MD의 꿈입니다. 이 일은 사람을 좋아하고 사람들이 나를 좋아해야 가능한 가장 인간적인 직업이라고 생각합니다.

쇼핑몰 MD가 되는 방법

쇼핑몰 MD가 되는 방법을 알려 주세요

편 쇼핑몰 MD가 되는 방법을 알려 주세요.

박 가장 빠른 방법은 쇼핑몰 MD 공개 채용에 지원해서 입사하는 거예요. 대기업에서 운영하는 쇼핑몰은 매년 공채를 해요. 공채 이에도 수시 채용이 있는데 신규 카테고리를 확장하거나 인원을 충원할 때 이뤄집니다.

이때는 신입사원보다 카테고리 경력자 중심으로 뽑아요. 1순위는 동종업계 MD, 2순위는 동종업계 종사자, 3순위는 동종업계 경력자로 우선순위가 매겨져요. 쇼핑몰 MD가 되기 위해서는 동종업계에서 온라인 상거래에 대한 많은 관심과 전문성을 키워가며 기회를 잡아야 합니다. 온라인 MD를 수시 채용할 때 협력업체에서 추천을 받는 경우도 있어서 유통 쪽에서 자신의 능력을 꾸준히 발휘해야 합니다.

그리고 쇼핑몰에서 입사하여 다양한 경험을 축적한 뒤에 MD가 되는 방법도 있어요. 예를 들어 디자이너로 입사해서 해당 카테고리 정보의 시스템에 익숙해지면 MD로 부서 변경 신청을 할 수 있어요.

유리한 전공이나 자격증이 있나요

편 유리한 전공이나 자격증이 있나요?

박 카테고리와 관련한 전공을 하면 도움이 될 때가 많아요. 패션의 경우, 의상디자인학과나 의상 소재를 전공하면 유리하죠. 식품 카테고리는 식품 영양학과가 유리하고요. 하지만 요즘은 워낙 경쟁이 치열해서 전공 불문이에요. 물류 유통 관련 자격증을 따거나 웹디자인 등의 기술이 있으면 업무를 하는데 조금 더 유리할 수는 있겠죠. 최근에는 글로벌 해외배송 등의 사업이 진행되고 있어서 어학 능력이 뛰어나면 도움이 될 것 같아요.

대학 시절 수학여행,
교수님과 함께

취미 생활로 낚시를 즐기다

대학 시절 동해바다에서 낚시

대학교 1학년 친구들과 여행

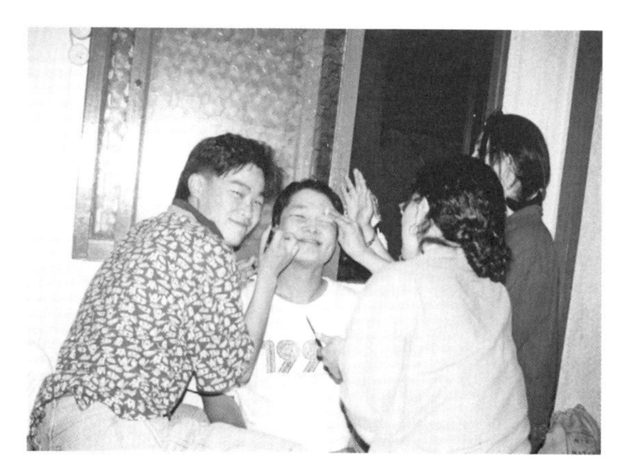

장기자랑을 위해 분장하는 모습

학창시절에 잘해야 하는 과목이 있나요

편 학창시절에 잘해야 하는 과목이 있나요?

박 기본적으로 온라인 쇼핑몰은 컴퓨터 활용 능력이 필요해요. 엑셀, 포토샵, 웹서핑, 프로그램 기본 개념 정도죠. 대부분 협업이기 때문에 토론하고 협상하는 능력도 중요합니다. 학생 시절에 이런 부분을 미리 훈련하면 당연히 유리하겠죠.

취미 카테고리 담당시절, 직접 열대어를 기르면서 상품을 이해함

편 도움이 되는 취미 활동이 있나요?

박 다양한 방면에 취미가 있고 지식이 있다면 카테고리를 고를 수 있겠죠. 애완동물을 좋아한다면 애완동물 카테고리 MD, 음악에 소질이 있다면 음악 카테고리, 스포츠를 즐긴다면 스포츠용품, 등산이나 캠핑을 취미로 한다면 등산 카테고리를 직접 담당하게 되겠죠.

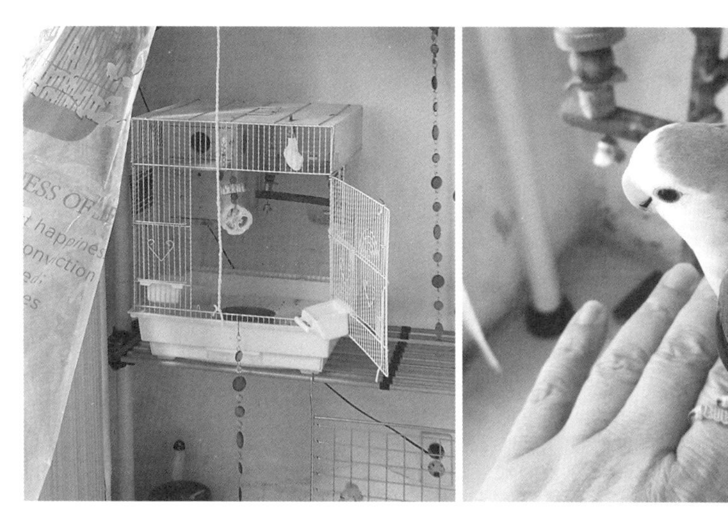

앵무새를 기르면서 취미 상품을 이해

카테고리 이해를 위해 드론을 구입해 사용

직접 그림을 그리면서 취미 카테고리를 이해

산악회원들과 등산

직장 동료들과 취미를 공유하면 회사 생활이 더 즐겁다

암벽등반 체험,
MD는 새로운 경험에 도전해야 한다

회사 동료들과 태백산맥을
자전거로 넘다

자전거를 타고 동해안을 달리다

3박 4일동안 자전거로 부산까지 종주

쇼핑몰 MD 일이 잘 맞는 사람,
맞지 않는 사람은 누구일까요

편 쇼핑몰 MD와 맞지 않는 사람이 있을까요

박 이 일은 타인과 어울려야 가능해요. 사람을 대하는 게 어려우면 맞지 않을 수 있어요. MD는 협업을 많이 해야 하고 기본적으로 업체를 만나는 직업이에요. 정해진 스케줄에 따라 프로젝트의 A부터 Z까지 완성해 내야죠. 내가 물건을 잘 팔기 위해서는 나만 잘나서 되는 게 아니에요. 프로모션, 마케팅 등 우리 회사 전체의 역량을 집중시켜야 해요. 리더십leader-ship과 추진력이 필수예요. 혼자 있는 걸 좋아하는 꼼꼼한 사람이라면 MD보다는 개발자가 더 잘 맞을 것 같아요. 여러 사람의 노력으로 한 카테고리의 판매와 구매가 완성되기 때문에 어려운 일이 생겼다고 중간에 포기하면 모두의 노력이 물거품이 되죠.

편 잘 맞는 사람은 반대겠죠?

박 소수의 인간관계에 깊이 파고드는 사람보다 여러 사람과 두루두루 친한 사람이 좋아요. 쇼핑몰 MD는 싫은 사람, 좋은 사람을 다 만나야 해요. 문제가 생기면 머리를 맞대고 해결해

회사 동료들과 롯데타워 탐방

야 하고요. 한 번 싫은 건 끝까지 싫어하는 사람은 이 일과 맞지 않아요. 내가 정말 싫어하는 사람이 눈앞에 있더라도 MD는 웃으면서 영업할 수 있어야 해요. 인간관계를 좋아하는 사람이 이 일을 재미있게 할 수 있다고 생각해요.

동료들과 즐거운 미팅, 사무실을 벗어나서 자유롭게 사고하고 토론해서 좋은 결과물을 얻어 낸다

기대하고 입사했다가 중간에 그만두는 사람은 없나요

편 기대하고 입사했다가 중간에 그만두는 사람은 없나요?

박 있어요. 후배 중에 공채 합격해서 인턴을 거쳐 MD가 되었는데 하루아침에 그만두는 사람들이 있어요. 밖에서 볼 때는 화려해 보이지만 이 일은 처음에 단순 업무부터 시작해요. 사수가 업체를 미팅할 때 옆에 가만히 앉아 메모만 할 때도 있어요. 사실 MD로서 업체들과 명함을 주고받는 것도 전부 배워야 해요. 예절이 있거든요. 트레이닝 기간이 분명히 있죠. 처음부터 어떤 회사의 대표를 만나서 상품개발을 하라고 할 순 없잖아요. 단순 업무부터 시작해서 그다음에는 할인 행사를 기획해 보고, 프로그램 명령도 배우고, 배너를 수정하기도 해요. 이렇게 업무에는 단계가 있고, 그 단계마다 잘 배워야만 실수가 없어요. 대학원까지 졸업했는데 회사 와서 명함 주고받는 거 배우고, 업체 미팅하는 자리에서 가만히 앉아 있어야 하고, 100원짜리 할인쿠폰 발행하는 게 안 맞는다고 느낄 수 있죠.

중소기업과 대기업 근무의 장단점은 무엇인가요

편 중소기업에서 근무하시다가 대기업으로 이직하셨는데 각각의 장단점이 무엇일까요? 우리 학생들은 중소기업에서 일하는 게 두려울지도 몰라요.

박 중소기업에서 일하면 내가 더 많은 기회를 만들 수 있어요. 업무 폭이 대기업보다 커서 A부터 Z까지 경험할 수 있어요. 대기업은 업무를 세분화해서 그 안에서만 움직여야 해요. 저는 3년 동안 중소기업에서 일했는데 그 3년이 저의 경쟁력이라고 생각해요.

대기업에 입사하면 시스템 안에서 움직이죠. MD는 MD일만, 물류는 물류만 작업하면 되요. 중소기업은 그렇지 않아요. MD로 입사했더라도 오늘 물류에 일이 몰리면 급하게 물류에 투입되죠.

한 산업의 A부터 Z까지 경험하려면 저는 대기업보다 중소기업이 좋다고 생각해요. 중소기업에서 일한 경험은 결코 돈으로 살 수 없어요. MD는 여러 분야의 다양한 사람들과 이야기하는 직업이에요. 좋은 이야기를 할 때도 있지만 싫은 소리를 할 수도 있어요. 상대를 잘 파악해서 정확한 대화를 이끌어

내야만 능력 있는 MD라고 생각해요. 중소기업에서 일한 경험이 제게 도움이 된 것 같아요.

편 사람은 자신이 경험한 것만큼 이해할 수 있는 것 같아요. 대기업의 장점은 무엇일까요?

박 대기업의 장점은 잘 갖춰진 시스템을 활용하여 안정적인 직장생활을 할 수 있다는 거죠. 제가 다니는 11번가도 입점부터 판매, 결제까지 최적의 시스템으로 되어 있어 오류가 최소화되어 있죠. 또한 개인의 발전이 회사의 발전이란 마인드로 개인의 교육 및 삶의 질을 매우 중요하게 생각하는 게 좋은 점 같아요. 내가 대기업에서 일하고 있다는 자부심을 갖게 하여 일에 대한 능률을 최대한 높이는 거죠

편 그럼 대기업에 입사해야 편한 거네요.

박 꼭 그런 건 아니에요. 대기업부터 시작한 사람들은 이런 좋은 장점을 활용하여 쉽게 직장생활을 할 수 있지만, 문제 해결에 대한 응용력이 부족할 수 있어요. 특히 어려움이 닥쳤을 때 그 대처가 달라요. 중소기업에서 일했던 사람들은 어떻게 해서든 문제를 해결할 수 있는 방법을 찾아내고 노하우도 갖

고 있어요. 첫 사회생활을 대기업에서 시작할 수 없는 상황이 라면 중소기업 등 자신이 배울 수 있는 곳에서 열심히 하다가 기회가 왔을 때 잡는 것도 좋을 것 같아요.

11번가 직원들과 함께 손가락으로 11을 표현

대기업 쇼핑몰에서 경력자를 많이 채용하나요

편 대기업 쇼핑몰에서 경력자를 많이 채용하나요?

박 쇼핑몰에서 한 카테고리가 너무 잘 돼서 충원을 해야 할 경우가 많아요. 그럼 일단 공고를 내요. 지원한 사람 중에서 쇼핑몰 MD 경력자를 찾죠. 또 그중에서 같은 카테고리 유경험자를 찾고요. 아무리 작은 쇼핑몰이라도 그곳의 MD에 대한 평이 좋고, 실력을 인정받고 있다면 저희도 유심히 지켜봐요. 중소기업에서 대기업으로 이직한 분들은 업무에 적극적이고 다양한 시도를 해요. 그래서 경력자 채용이 열려 있습니다. 신입은 공채가 일반적이지만, 경력자는 위와 같은 방법으로 채용하고 있어요.

일 년에 몇 명 정도 채용하나요

편 일 년에 몇 명 정도 채용하나요

박 11번가에는 100명 이상의 MD가 있어요. 제일 많이 채용했던 해에 12명 정도 뽑았던 것 같아요.

편 채용되면 어떤 방식으로 업무에 투입되나요?

박 인원이 부족한 카테고리에 AMD로 배정을 받아요. 2~3년 정도 하다가 능력을 인정받으면 카테고리를 나눠 주기도 하고, 판매자를 나누어 영업 영역을 나누기도 해요.

편 한 카테고리에 MD가 한 명인가요?

박 카테고리마다 달라요. 한 명이 하는 곳도 있고, 두세 명이 배정된 곳도 있어요. 일반적으로 패션 카테고리는 판매자가 많은 만큼 담당 MD도 많은 편이죠.

MD가 되고 싶은 사람들에게 조언해 주세요

편 MD가 되고 싶은 사람들에게 조언해 주세요.

박 MD는 쇼핑몰의 꽃이기도 하지만, 많은 책임도 져야 해요. 나를 믿고 거래하는 협력업체도 끝까지 책임져야 하고, 좀 더 좋은 상품을 구매하려는 소비자도 만족시켜야 하고, 회사의 이익도 실현해야죠. MD는 자선 사업가가 아니기 때문에 최적의 판매를 통한 거래액과 이익을 실현해야 해요. 그에 따른 스트레스도 크죠. 하지만 내가 좋아하는 분야에 대해 항상 고민하고, 그 업에 종사하는 사람들을 만나서 시장, 업계, 소비자, 유행에 대해 의견을 나누다 보면 이 일보다 즐거운 일이 없어요. 자기가 좋아하는 분야에서 일하면서 돈도 버는 게 얼마나 즐거운데요.

대학교 4학년 시절의 교생실습

대학교 시절 동기, 선배님들과 함께

쇼핑몰 MD가 되면

합격한 후에 어떤 과정을 거치나요

편 합격한 후에 어떤 과정을 거치나요?

박 1~3개월의 수습 기간이 있어요. 이 기간에 각 팀에 배치되어 카테고리 MD로부터 MD의 기본 업무를 배우면서 기초 업무를 합니다. 업체 미팅, 프로모션, 실적관리, 시스템 사용 등을 배워요. 또한 회사 전반의 시스템을 학습하고요. 이 기간에 본인이 어떤 상품을 기획하고 개발할지 포트폴리오를 작성합니다. 시장조사를 통해 자유롭게 상품을 선택하고 판매 방법을 알아내서 인턴 기간의 마지막 평가를 위한 발표를 준비해요. 여기에서 성적이 좋은 인턴이 최종 합격이 되어서 카테고리에 발령이 납니다. 이때부터 카테고리 사수가 있는 곳에서 1~ 2년간 배우며 MD 업무를 수행해요. 이후에 별도 카테고리 담당자가 되어 판매자를 배분받아 MD의 역량을 발휘하게 됩니다.

보수와 직급은 어떻게 되나요

편 보수는 얼마인가요?

박 회사마다 다르지만, 11번가의 대졸 초봉은 대기업 초봉과 비슷합니다. 해마다 평가를 해서 본인의 역량에 따라 연봉이 차등 지급돼요. 개인의 능력과 실적에 따라서 차이가 발생합니다. 또한 실적 향상을 위해서 월별 Best MD 등을 선발하여 포상할 때도 있어요. Best 상품을 개발하여 실적을 높였거나, 담당하는 카테고리 목표를 상위 달성하였을 때 연봉과는 별도로 수당을 받기도 합니다.

11번가의 직급체계는 매니저 〉 팀장 〉 담당 〉 총괄 임원 〉 대표이사로 되어 있어요. 그런데 최근에는 원활한 커뮤니케이션을 위해서 직함을 빼고 이름으로 호칭을 통일했습니다.

소호 MD와 기업 소속 MD의 차이가 있나요

편 소호 MD와 기업 소속 MD의 차이가 있나요?

박 최근에 소호몰이 많이 생기면서 MD도 많이 늘어났어요. 소호몰의 MD는 기업 소속의 MD보다 더 많은 업무를 담당해요.

기업의 MD는 본인의 카테고리 안에서 상품 개발 및 판매에 집중한다면, 소호몰 MD는 더 많은 카테고리를 담당하고, 상품 입고, 등록, 판매, 발주, 배송, 마케팅, 쇼핑몰 입점 영업, 물류, A/S, 정산까지 다양한 영역의 업무를 합니다. MD가 취합하는 거래액은 작지만, 폭넓은 업무를 해 볼 수 있다는 강점이 있어요. 향후 기업 소속의 쇼핑몰 MD로 이직하거나, 자기 사업을 할 때 소호몰 MD로서 일해 본 사람이 유리합니다.

일과는 어떤가요

편 일과는 어떤가요?

박 최근 정부 시책에 따라 일 8시간, 2주 80시간의 근무를 합니다. 출근은 자유롭게 오전 8시~10시 사이에 하고 8시간의 근무 시간만 지키면 됩니다.

일과는 사람마다 다르지만, 보통 이렇게 돼요.

① 출근 직후 : 전날의 매출 집계 및 분석

② 업체 미팅 및 상품개발

③ 프로모션 상품 취합 및 일반 업무

④ 경쟁사 동향 조사 및 가격 조사

⑤ 실적 회의 및 업무 관련 미팅

11번가 초창기에는 11시 퇴근이라 11번가라는 농담이 있을 정도로 업무 강도가 셌어요. 모두 함께 성공을 갈망했죠. 지금은 시스템도 좋아졌고, 업무 집중도도 높아져서 저녁 여가가 있는 삶을 살고 있어요.

아들과 함께 캠핑 체험

2시간에 걸쳐서 텐트를 설치하고 쉬는 모습

직장 동료들과 함께 야구장 관람

아들과 함께 스키 체험

아들과 함께
스크린 골프 체험

쇼핑몰 MD의 직업병은 없나요

편 쇼핑몰 MD의 직업병은 없나요?

박 쇼핑 중독이요. 하지만 구매는 안 하는 쇼핑 중독이에요. (웃음) 시장 및 상품 조사 등으로 온라인 검색과 쇼핑을 엄청나게 해요. 그리고 제품 단가를 잘 알기 때문에 쉽게 주문하진 않아요. 한참 고민하면서 꼭 필요한지 살피고, 원가를 계산해서 합리적인 가격인지 따져봐요. 쿠폰, 카드 할인, 마일리지 등을 최대한 이용해요.

다른 분야로 진출이 가능한가요

편 다른 분야로 진출이 가능한가요?

박 다른 쇼핑몰 업체로 이직하는 경우가 제일 많아요. 그다음으로는 창업이죠. 상품 및 제조사의 정보가 많다 보니, 자신의 아이템을 잡아서 창업하는 경우가 많아요. 그리고 타 유통업계나 제조사의 영업파트로 이동하는 경우도 있고요. 제조업체 입장에서는 온라인 쇼핑몰 영업의 중요성이 커지고 있기 때문에 제조사의 온라인 담당, 팀장, 임원 등으로 진출하기도 해요. MD를 하다가 MD 교육 학원 등으로 이직하는 경우도 있어요.

정년과 노후대책은 어떻게 되나요

편 정년과 노후대책은 어떻게 되나요?

박 온라인 쇼핑몰의 역사는 20년 정도밖에 안 돼요. 신입 MD로 시작해서 정년을 맞이할 나이가 된 경험자가 없죠. 산업이 계속 발전되면 온라인 쇼핑몰 MD로 정년을 맞이하는 사람들이 나오겠죠. 저도 그 사람이 되고 싶어요.

앞으로 온라인 쇼핑몰 산업이 더욱 발전하면 고등학교, 대학교의 교육 과정에도 MD 학과가 신설될 것 같아요. 일부 미디어 고등학교에는 e-business 학과가 생겼대요. 능력이 된다면 그 동안의 경력으로 후배를 양성하는 일을 하고 싶어요.

e-커머스를 지배하라

온라인 시장의 전망은 어떤가요

편 온라인 시장의 전망은 어떤가요?

박 시장을 오프라인하고 온라인으로 나누어 본다면 저는 아직 오프라인 시장이 훨씬 더 크다고 생각해요. 어떤 분야에서는 온라인 시장의 점유율이 50%를 넘었다고 하지만 아직은 오프라인 시장이 강세입니다.

자동차 시장을 생각해 보죠. 자동차는 몇십조 원의 큰 시장이지만 온라인 판매가 제한되어 있어요. 부동산과 주류 등도 마찬가지죠. 서비스 시장도 아직은 온라인 쪽이 미비한 것 같아요. 미비하다는 의미는 앞으로의 발전 가능성이 무한하다는 뜻이고요.

편 산업의 흐름은 물과 같아서 아무리 제한을 한다고 해도 언젠가는 잠금이 풀리는 것 같아요.

박 오프라인에서만 팔아야 하는 물품들은 그 속에 얽혀 있는 이해관계가 매우 복잡한 경우가 많아요. 한 번에 풀기는 어렵겠지만 점차 해결이 되겠죠.

카풀 택시도 마찬가지예요. 저는 온라인 산업에 종사하고 있기 때문에 새로운 시장은 새로운 직업과 분야를 탄생시킨다는 생각을 갖고 있어요. 고객에게 도움이 된다는 확신도 있고요. 그런데 어떤 분들에게는 생계가 달린 문제이기 때문에 해결하기가 복잡한 것 같아요. 온라인 서비스가 제공되어야 편의성이 높아지는 건 사실이에요. 기득권 싸움으로 볼 것이 아니라 온라인 용도의 비즈니스를 개발하는 노력을 전 산업에서 기울여야 한다고 생각해요.

편 예를 들어서 설명해 주세요.

박 여행사라면 대리점 없이 온라인으로만 운영할 수 있고, 식당 없이 식자재를 갖고 배달 음식 서비스만 제공할 수도 있겠죠. 온라인 시장의 장점은 소비자들의 쇼핑 시간을 절약해준다는 거예요. 고객들은 이동하고 물품을 사고 계산에 소비해야 되는 시간을 자신을 위한 활동에 사용할 수 있어요.

온라인과 오프라인의 유통에 차이가 있나요

편 온라인과 오프라인의 유통에 차이가 있나요

박 유통은 마케팅 활동의 일환으로 회사의 제품이나 서비스를 어떤 경로로 시장이나 고객에게 제공할 건지 결정하는 활동이에요. 소비자에게 상품을 전달하는 전 과정이에요. 우리 집 근처에 매장을 하나 낸다면 내 고객은 가게 주위에 사는 사람들이 되겠죠. 온라인으로 가게를 열면 온라인을 사용하는 모든 고객이 내 고객이 될 수 있고요. 물건을 파는 사람은 내 고객을 잡기 위한 마케팅을 해야 돼요. 그래서 온라인 시장과 오프라인 시장은 마케팅 대상도 달라요. 온라인 시장의 물품은 해외에서도 살 수 있기 때문에 그에 맞는 마케팅을 해야 돼요. 물론 단점도 있어요. 경쟁사가 너무 많죠. 오프라인 매장은 근처에 있는 비슷한 가게 몇 개와 경쟁하면 되고요.

온라인 유통은 IT 및 통신, 물류, 결제 시스템의 발전을 배경으로 성장하고 있어요. 특히 시장 공간의 무한성 때문에 오프라인의 단점인 지역성, 공간상의 한계를 보완하고 있죠. 그렇다고 해서 오프라인 유통이 없어지거나 온라인보다 작아졌다는 이야기는 아니에요. 아직도 눈으로 보고 만져봐야 구매가 가능한 상품들이 많아요. 최근에는 온 · 오프라인을 통합하여 시너지를 내는 방법 O2O(Online to Offline)를 찾는 노력을 하고 있어요. 주문은 온라인으로, 설치는 오프라인에서 하거나 반대로 오프라인의 재고를 온라인에서 파는 거죠. 저희는 크로스 셀링 cross selling이라고 표현합니다.

서울 모터쇼 참관, 국내 대형 박람회 참석을 통해서 시장의 동향과 유행을 이해한다

블랙박스 런칭쇼 참가

테슬라 국내 출시에 따른 시승

테슬라 국내 출시에 따른 시장 조사

다양한 전시장 관람 및 시장 조사

새로운 오토바이 시장 조사

건프라 엑스포 전시장 방문.
전시장 방문을 통해 신제품 정보를
직접 확인

판매자와 구매자의 정보를 어떻게 활용하나요

편 판매자와 구매자의 정보를 어떻게 활용하나요?

박 빅데이터를 마케팅에 어떻게 활용할 것인지 많은 사람이 고민하고 있어요. 11번가는 수많은 셀러의 상품 DB와 판매 데이터, 고객 정보를 갖고 있어요. 이 두 가지를 접목하면 제조사가 향후에 어떤 상품을 어떻게 개발해야 할지 알 수 있죠. 고객에게 어떤 제조사의 상품이 필요한지 분석 가능하고요. 이렇게 판매자, 구매자의 정보를 활용해서 판매자와 소비자, 그리고 중간 유통자의 이익을 최대한으로 높일 수 있어요.

편 온라인 시장의 다양한 직업이 궁금해요

박 온라인 시장의 발전으로 각 분야의 영역이 다양하게 전문화하고 있어요.

IT 분야는 기존 시스템의 연동과 새로운 시스템을 개발해요. 디자인은 상품의 촬영, 홈페이지 제작, 이미지 제작 등의 역할을 수행하고요.

프로모션 마케팅은 시즌별 이슈에 따른 메시지를 작성해 고객에게 전달하는 방법을 고민해요.

고객지원 업무는 고객의 권익과 고정 고객 확보를 위한 서비스를 제공합니다.

재무부서는 내부 재무뿐만 아니라 협력사의 결제 및 재무를 담당하고, 법무 분야는 기업 간, 고객 간의 이슈를 해결해요. 물류는 좀 더 빠르고 정확한 배송으로 경쟁력을 창출하고, 직매입을 통한 원가 인하로 이익을 창출합니다.

결제 시스템은 어떻게 발전할까요

편 결제 시스템은 어떻게 발전할까요?

박 결제 방법은 과거의 지로입금부터 시작해서 온라인 입금, 카드 결제, 포인트 결제, 페이백, oo pay 등으로 계속 발전하고 있어요.

편 결제 수단을 계속 개발하는 이유가 뭔가요?

박 고객이 가진 모든 결제 수단을 쓸 수 있게 열어주는 거예요.

편 oo pay는 점점 많아지는 것 같아요.

박 일반 기업들은 자사 pay의 사용자가 늘어날수록 사회, 경제 분야에 대한 영향력이 커지는 거잖아요. 회사 입장에서는 좋은 일이죠.

편 부작용은 없을까요?

박 저는 결제수단이 다양해지는 현상은 사용자 입장에서 긍정적이라고 생각해요. 결제 수단을 제한하는 게 일종의 장벽이라고 생각하죠.

온라인과 오프라인이 상생하는 방법은 뭘까요

편 온라인과 오프라인이 상생하는 방법은 뭘까요?

박 많은 사람이 고민하고 있어요. 오프라인 매장을 가진 분들은 오프라인의 한계를 뛰어넘는 방법을 온라인에서 찾고 있어요. 오프라인 매장들을 다 엮어서 온라인 고객들에게 메시지를 보내는 노력도 많이 하고요. 만약 어떤 브랜드에서 온라인 사용자들에게 "오프라인 매장에 오시면 20%할인 쿠폰을 드려요."라는 행사를 열면 그 쿠폰을 받은 사용자들은 오프라인 매장에서 물건을 보고 구입하죠.

편 온라인 매장이 오프라인의 도움을 받는 경우는 뭐가 있을까요?

박 온라인에서 구입하고, 오프라인에서 설치하는 경우가 있어요. 자동차 같은 경우에 내가 타이어를 갈아야 되면 온라인으로 저렴한 가격에 타이어를 구입한 후, 오프라인 매장에서 교체를 하는 거죠. 소비자가 온라인으로 구입한 물품을 오프라인 설치 매장으로 직접 보내는 경우도 있어요.

상생의 방법은 계속 고민해야 된다고 생각해요.

온라인 매장의 경우 고객들에게 직접 물품을 보여주고 싶을 수도 있잖아요. 그렇게 오프라인 매장을 활용할 수도 있고, 편의점 택배는 온라인으로 주문한 물품을 오프라인 쪽에서 수령하는 대표적인 방법이죠.

지금은 시작 단계지만 앞으로 점점 확대될 거예요.

유통에서 사람이 하는 역할은 어떻게 변할까요

편 유통에서 사람이 하는 역할은 어떻게 변할까요?

박 과거에는 사람이 물품을 제조하고, 운반하고, 소비자에게 직접 전달했어요. 송장이 나오면 사람이 물건을 찾아서 송장을 붙이고 직접 옮겼죠. 최근에는 다 기계로 바뀌면서 바코드 시스템으로 다 움직이고 있어요. 무점포 판매가 늘어나면서 판매에 종사하는 사람들 숫자도 줄고 있고요. 어떻게 보면 유통에서 사람이 할 수 있는 일이 줄어드는 건 사실이에요. 대신 새로운 기술들은 계속 필요해요. 제 개인적인 생각은 산업 종사자들이 감소하는 부작용도 있지만 새로 창출되는 직업군도 분명히 있어요. MD 선배님이 하신 말씀이 생각나요.

"줄어드는 걸 고민할 게 아니라 향후 산업이 어떻게 발전하는지 파악하고, 그걸 미리 준비하는 사람이 결국엔 승자가 될 거야."

MD들도 왜 고민이 없겠어요. 상품을 골라서 추천해주는 MD가 아니라 신규 카테고리를 개발하는 MD, 글로벌 시장이라는 미개척 시장을 먼저 파악하고 소개하는 MD, 새로운 유통방법을 개척하는 MD가 되면 되죠. MD가 할 수 있는 건 정말 많아요. 해외여행을 하다 보면 우리나라에 없는 물건을 발견하고 유심히 관찰하죠. '왜 우리나라에 아직 안 들어왔지?', '생산 원가가 왜 이렇게 싼 거야?', '우리나라 입맛에 맞을까?' MD의 고민 하나하나는 전부 기회의 씨앗이 된다고 생각해요.

세계의 온라인 쇼핑몰

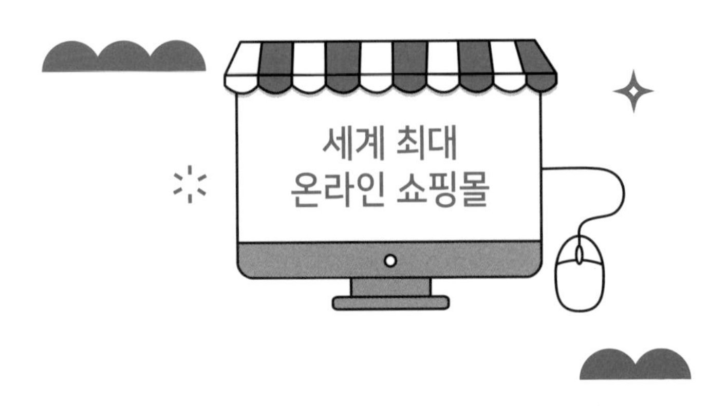

아마존Amazon은 도서, 의류, 신발, 보석, 식품 등 다양한 품목을 판매하는 미국의 온라인Online 커머스Commerce 회사다. 1995년 제프 베조스Jeff Bezos, Jeffrey Preston Bezos가 시애틀에서 인터넷 서점으로 처음 설립하였으며 현재는 미국 이외에도 브라질, 캐나다, 영국, 독일, 오스트리아, 프랑스, 중국, 일본, 인도, 이탈리아, 멕시코, 스페인 등 13개 국에서 아마존 웹사이트를 운영하고 있다.

전자 상거래 이외에도 클라우드 서비스Cloud Service인 아마존 웹 서비스Amazon Web Service, 전자책 킨들Kindle을 비롯한 태블릿

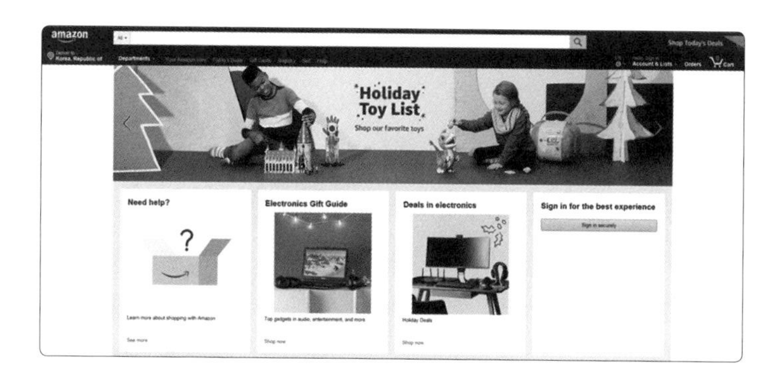

PC, 스마트폰 등을 제조 판매하며 전자 상거래 이외의 분야에도 사업을 확장했다.

—
네이버 지식백과(세계 브랜드 백과, 인터브랜드)

미국 캘리포니아주의 산호세에서 컴퓨터 프로그래머인 피에르 오미디야르Pierre Omidyar가 옥션웹AuctionWeb이란 이름의 개인 경매 사이트를 열었다. 처음 취급한 품목은 결함이 있는 레이저 포인터였는데 이것이 14.83달러에 팔리면서 인터넷 경매의 가능

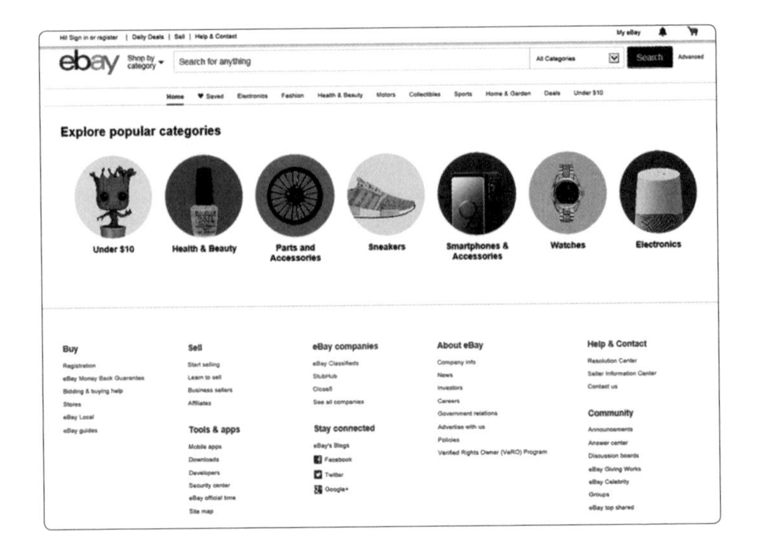

성을 보여주었다. 1996년에 제프 스콜Jeff Skoll이 회사의 첫 번째 사장으로 고용되었다. 1997년에 회사 이름을 옥션웹에서 이베이eBay로 바꿨다.

회사는 1998년에 오하이오주의 신시내티에 있는 경매 사이트인 업포세일닷컴Up4Sale.com을 인수한 것을 시작으로 2001년에는 남미의 전자상거래 사이트인 메르카도 리브레Mercado Libre를, 2002년에는 온라인 결제대행사인 페이팔PayPal을, 2003년에는 중국의 포털 사이트인 이치넷EachNet을, 2004년에는 인도의 경매 사이트인 바지닷컴Baazee.com을, 2005년에는 영국의 부동산 중개 사이트인 검트리Gumtree와 웹폰 회사인 스카이프Skype를 인수하는 등 영역을 세계로 넓혀나갔다. 2006년에는 세계적인 인터넷 포털 사이트인 구글Google과 제휴를 맺었다. 2001년에는 국내 최초의 인터넷 경매 전문 사이트 옥션Auction, 2009년에는 한국의 오픈마켓 서비스인 G마켓G-Market을 인수하였다.

—

네이버 지식백과(두산백과)

알리바바는 중국 전자상거래 시장에서 80%에 이르는 점유율을 차지하고 있는 중국 최대 전자상거래 업체다. 매일 1억명이 물건을 구매하기 위해 알리바바를 찾는다. 중국 국내 소포의 70%가 알리바바 관련 회사를 통해 거래될 정도다. 1999년 영어강사 출신 마윈이 중국 제조업체와 국외 구매자를 위한 기업 대 기업(B2B) 사이트 '알리바바닷컴'을 개설한 것이 출발점

이다. 본사는 중화인민공화국 항저우 시에 자리잡고 있다.

16년 전 직원 18명으로 시작된 알리바바닷컴은 현재 2만 5천명이 넘는 직원을 보유한 알리바바 그룹으로 성장했다. 중국의 아마존을 내세우며, 쇼핑과는 전혀 무관했던 11월 11일을 '중국판 블랙프라이데이'로 탈바꿈시켜 중국 전체 경제 판도를 좌지우지하고 있다. 현재 알리바바를 통해 이뤄지는 거래는 중국 국내 총생산(GDP)의 2%에 이른다.

현재 중국 알리바바그룹은 전자상거래, 온라인 결제, B2B 서비스, 클라우드 컴퓨팅, 모바일 운영체제 등 다양한 사업을 진행중이다. 이 가운데 핵심 사업은 단연 전자상거래다. 관련 사업 계열사로는 타오바오 마켓 플레이스, 티몰닷컴, 이타오 eTao, 알리바바닷컴 인터내셔널, 알리바바닷컴 차이나, 알리익스프레스 등이 있다.

—

네이버 지식백과(용어로 보는 IT)

'그룹+쿠폰'의 합성어로 2008년 11월 미국 시카고에서 프로그래머 앤드루 메이슨Andrew Mason이 창업한 세계 최초 · 최대의 소셜커머스 기업이다. 반값 할인쿠폰 공동구매 웹사이트인 소셜커머스의 효시이다. 소셜커머스는 페이스북, 트위터 등 소셜네트워크서비스(SNS)를 활용해 이루어지는 전자상거래로, 일정 수 이상의 구매자가 모일 경우 파격적인 할인가로 상품을 판매하는 방식이다.

그루폰은 여러 사람이 모여 물건을 구매하면 싸게 살 수 있다는 아이디어에서 시작됐고, 맨 처음 발행했던 쿠폰은 창

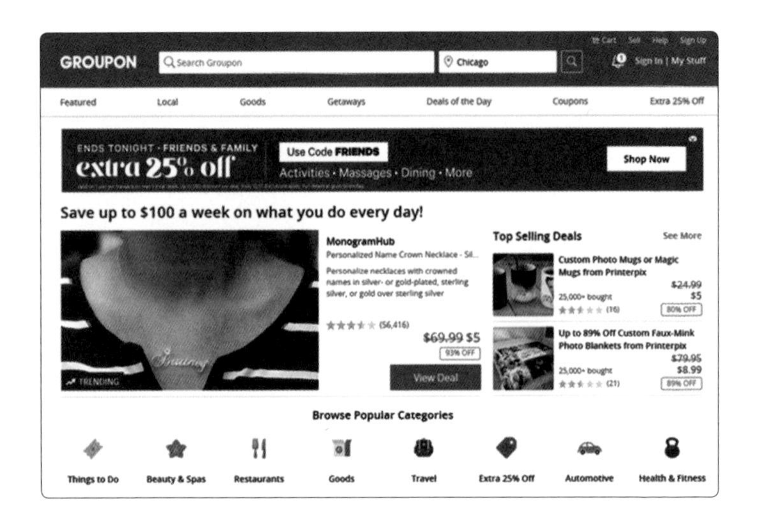

업자 메이슨의 사무실이 있던 건물 1층 식당의 피자 반값 쿠폰이었다. 이후 그루폰은 성장세를 지속, 2010년 매출이 무려 7억 6,000만 달러(8,500억 원)를 기록했으며 현재 44개국(한국 포함), 500여 개 도시에 진출해 있다. 이 같은 성장속도에 2010년 10월에는 야후가 20억 달러에, 11월에는 구글이 60억 달러에 인수를 제안했지만 메이슨은 이를 거절했다.

이후 그루폰은 스타벅스의 하워드 슐츠 최고경영자(CEO)를 이사로 영입하며 본격적인 해외 시작 공략에 나섰다. 특히 2011년 3월 14일에는 한국에 공식 런칭하면서 우리나라는 그루폰이 진출한 44번째 국가가 됐다. 그러나 그루폰은 이후 잇따른 실적 부진으로 2014년 국내에서 철수했다.

—
네이버 지식백과(시사상식사전, 박문각)

라쿠텐 주식회사楽天株式会社, Rakuten, Inc.는 인터넷 쇼핑 서비스를 시작으로 인터넷 서비스를 제공하고 있는 일본의 기업이다. 1997년에 현 회장 겸 사장인 미키타니 히로시가 창업하였다.

2015년 3월 시점에서 약10만 명의 그룹 회원을 보유하고 있으며 일본 최대 인터넷 쇼핑몰인 '라쿠텐 시장'이나 포털 사이트 '인포시크'의 운영 등을 하고 있다. 2000년 자스닥에 상장했다. 2011년 6월 보수적인 정책 고수에 반발하는 의미로 일본경제단체연합에서 탈퇴했다.

현재는 E-commerce뿐만 아니라 광고, 미디어, 여행사, 디지털 콘텐츠, 통신, 에너지 등 사람들의 다양한 라이프 스타일을 커버 하기 위한 인터넷 서비스 사업, 신용카드, 전자금융

을 포함한 경제 서비스, 은행, 증권, FinTech 금융 사업, 더욱이 FC 바르셀로나의 공식 스폰서로서 활동 하는 등 스포츠 클럽 스폰서와 같은 다각적인 분야에서 서비스를 제공하고 있으며, 2017년 현재에는 제공하는 서비스가 70개를 넘어섰다. 현재 일본의 IT업계에서는 업계 최고를 자랑하고 있으며, 회사 내 공용어는 영어이다.

—

우리모두의 백과사전 위키백과

11번가는 2008년 2월, 대한민국 토종 오픈마켓으로서 e커머스 시장에 진출한 이래 비약적인 성장을 거듭하며 업계를 선도하는 오픈마켓으로 발전해 왔습니다. 온라인과 모바일에서 우수한 상품을 저렴한 가격으로 안심하고 구입할 수 있는 시스템을 갖추고 있으며, 지속적인 서비스 개선과 기술 혁신을 통해 판매자와 구매자 모두에게 최고의 서비스를 제공하기 위해 노력하고 있습니다. 진화를 거듭하는 11번가에서 소비자는 OK캐쉬백 포인트와 다양한 쿠폰을 이용하여 원하는 상품을 알뜰하게 마련할 수 있고, 개인과 소규모 판매업체, 브랜드 제조사 · 백화점 · 마트 등의 판매자 역시 6,700만 개가 넘는 다양한 제품과 서비스를 효과적으로 판매할 수 있습니다.

11번가는 고객이 언제든지 안심하고 상품을 구매, 판매할 수 있도록 오픈마켓 최초로 다양한 제도를 마련해 지원하고 있습니다. 구매 과정에서 발생되는 고객의 불편과 손해를 보전하기 위해 위조품 110% 보상제, 최저가 110% 보상제, 배송지연 보상제, 고객실수 보상서비스 등 4가지의 보상제도를 운용하고 있습니다. 또한 고객센터와 판매자 서비스센터를 운영

하여 고객에게 편의를 제공하는 한편, 판매자 공인인증제도를 도입해 판매자에 대한 신뢰도를 더욱 높여갑니다. 11번가가 독자적으로 개발한 AI 기반의 커머스 검색 기술, 빅데이터 기반의 맞춤형 추천 기술을 적용해 고객에게 보다 즐겁고 편리한 쇼핑 경험을 선사하고 있습니다.

11번가는 지금까지의 오픈마켓을 넘어 정보 탐색부터 콘텐츠 공유, 유 · 무형 상품 구매까지 한곳에서 이루어지는 새로운 개념의 커머스 포털을 지향합니다. 11번가가 만들어갈 커머스 포털에서는 음악, 영화와 같은 디지털 콘텐츠, 렌털 · 보험 등 무형의 서비스까지 고객이 원하는 모든 상품을 판매할 계획입니다. 또한 외부 제휴와 자체 생산을 통해 구매에 도움이 될 수 있는 다양한 상품 관련 정보와 함께 상품 후기 등 감성적 콘텐츠를 강화할 것입니다. 아울러 탐색부터 구매까지 11번가 내에서 모든 구매 과정이 이루어질 수 있도록 원스톱 솔루션을 제공할 것입니다. 이러한 변화와 혁신을 통해 판매자와 구매자 등 모든 고객으로부터 신뢰받는 최고의 커머스 포털로 성장해 나가겠습니다.

11번가 주식회사는 11번가를 더욱더 편리하게 이용할 수 있는 간편결제 서비스 '11Pay'를 운영하고 있습니다. 국내 최초 웹 기반 간편결제 서비스 11Pay는 별도의 액티브엑스 또는 보안 프로그램의 설치 없이 모든 OS와 브라우저에서 결제 가능한 국내 유일의 간편결제 서비스로, 금융정보의 분산 저장과 강력한 암호화 체계로 엄격한 보안 인증 규정을 통과한 가장 안전한 간편결제 서비스이기도 합니다. 이 외에도 11번가 주식회사는 국내 최초의 모바일 상품권 서비스 '기프티콘'과 고품질 · 합리적 가격의 스킨케어 전문 브랜드 '싸이닉'을 운영하여 고객에게 보다 차별화된 제품과 서비스를 제공하기 위해 노력하고 있습니다.

나도 쇼핑몰 MD

“

쇼핑몰에 상품을 올리고 판매해 보세요!

MD에 관심이 있거나 쇼핑몰에서 일하기를 원하시는 학생들이 있다면, 직접 상품을 등록해 보고, 판매해 보세요. 그럼 MD가 어떤 일을 해야 하는지 조금 더 이해하기 쉬울 수 있어요. 자신이 올린 상품이 좋은 가격에 빨리 판매되기 위해서 어떤 노력과 도움이 필요한지를 알게 된다면, 그 일이 아마도 MD가 하는 일일 거예요!

”

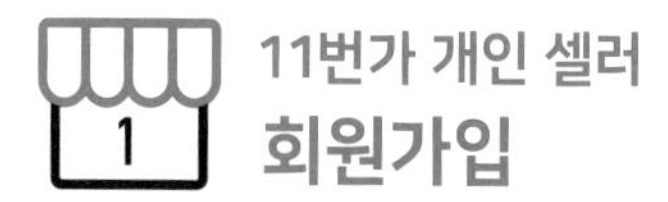

11번가 개인 셀러 회원가입

11번가 입점 문의 페이지를 통해서 개인 셀러 회원으로 가입하기
: 회원선택 ▶ 약관동의 ▶ 정보입력 ▶ 가입 완료

Q〉 미성년자(만 19세 이하)도 판매자가 될 수 있나요?

A〉 만 14세 이상이면서, 범용 공인인증서를 통한 본인 확인을 사이트상에서 정상적으로 수행하시면 개인 셀러로 가입이 가능합니다.

이미 구매회원으로 가입되어 있을 경우, 개인 셀러로 전환신청 후 구비서류를 등기우편으로 보내시면 가입이 가능합니다.

- 구비서류 법정대리인의 동의서 1부(다운로드), 가족관계 증명서 원본 1부, 법정대리인의 인감증명서 원본 1부
- 주소 (08378) 서울특별시 구로구 디지털로 306(구로동) 11번가 사업자 승인 담당자 앞
- 문의 Tel. 02-2095-0689 Fax. 02-849-4967 E-mail. sellerhelp@11st.co.kr

개인 셀러 회원가입 Tip

11번가 판매자 상담문의를 통해서 모르는 부분을 상담 받으세요. 좀 더 쉬운 진행이 가능합니다.

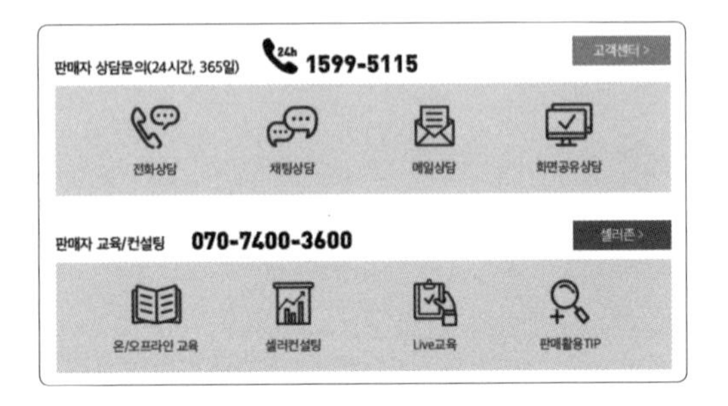

2 11번가 셀러오피스를 통한
상품 판매하기

11번가 셀러오피스는 쇼핑몰 운영에 대한 모든 것들을 관리해 주는 시스템입니다. 이를 통해서 판매자들은 다양한 상품과 프로모션을 통해 상품을 관리할 수 있어요.

• 상품 관리	신규상품 등록 및 판매 중인 상품의 수정
• 주문 관리	등록된 상품의 판매 내역 및 구매 고객의 배송지 정보
• 정산 관리	판매된 상품의 정산 및 세금
• 프로모션 관리	11번가에서 진행되는 다양한 프로모션 행사를 확인하고 참여
• 통계정보	판매자의 비즈니스 현황을 한눈에 확인
• 광고센터	상품 판매 극대화를 위해 전시 입찰광고 등 다양한 방법으로 광고를 직접 진행

상품 등록하기 Tip

01 본인이 가지고 있는 물품 중에 판매가 잘 될 것 같은 상품이나, 본인에게는 필요가 없지만, 다른 사람들에게는 꼭 필요한 상품을 선택해 보세요.

02 본인이 받고 싶은 상품 가격과 갖고 싶은 사람이 얼마에 사고 싶은지를 고민해서 가격을 책정하세요.

03 상품을 잘 팔기 위해서는 상품에 대한 정확한 정보와 상품

사진들이 필요합니다. 좋은 가격을 받기 위해서 상품이 잘 표현되도록 사진 촬영을 해 보세요.

04 포토샵 등을 이용해서 상품 콘텐츠(상품페이지)를 예쁘게 만들어 보세요.

05 셀러오피스에 신규상품 등록을 하고 상품 검색을 통해서 어떻게 올라가는지 확인하세요.

06 주문관리를 통해서 올린 상품이 판매되었는지 수시로 체크해 보세요.

07 주문이 들어오면 상품을 예쁘게 포장해서 주문자에게 택배로 보내면 됩니다.

08 배송이 완료되고 본인이 받아야 하는 금액이 통장에 입금되었는지 확인하세요.

09 상품 판매가 잘 안 된다면, 가격 할인, 프로모션 참여, 광고를 통해서 좀 더 적극적으로 판매해 보세요.

"자, 이제 여러분들도 MD가 될 수 있어요!"

쇼핑몰 MD 박종복 스토리

어렸을 때 꿈은 무엇인가요

편 어렸을 때 꿈은 무엇인가요?

박 초등학교 선생님이었어요. 교대에 진학을 못 했고, 한신대학교 경영학과에 입학했습니다.

편 대학 시절은 어떠셨어요?

박 학교 분위기가 저랑 잘 맞았어요. 기독교 대학이었고, 문익환 목사님의 모교였죠. 사회 문제에 대해 고민하는 선배들이 많았고, 그냥 놀기만 좋아하는 친구들도 주위에 있었어요. 저는 양쪽 다 친하게 지냈어요.

박 제 대학교 은사님 중에 김상곤 교수님이 계세요.

편 교육부총리를 역임하신 분이요?

박 네. 경영학과 교수님이셨는데 하루는 등산을 하러 가자고 하셨죠. 같이 산에 올라가 사회 문제에 대해 이런 저런 이야기들을 해 주셨어요. 우리 사회를 바라보는 또 다른 관점을 배웠어요. 당시에는 다 이해하진 못했지만, 이 세상을 바라보는 다양한 시선이 존재한다는 걸 느꼈던 중요한 시기였어요.

초등학교 시절 운동회 가장 무도회, 이때부터 분장하고 사람들 앞에 나서는걸 좋아했다

초등학교 운동회 계주 선수, 몸은 뚱뚱했지만 승부욕이 있어
달리기 대표 선수로 출전

어린 시절부터 배운 태권도가 몸에 배어 있다

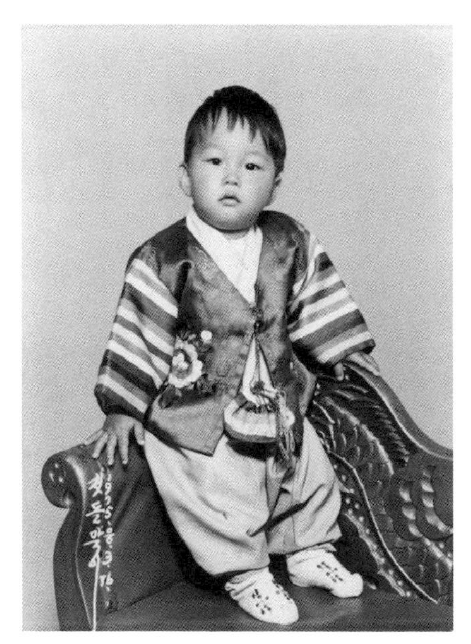

돌 사진

초등학교 교회에서 진행한 뒷동산 소풍

학창시절은 어땠나요

편 학창시절은 어땠나요?

박 덩치가 커서 주목을 받았어요. 항상 학급회장을 했고요. 중학생이 되었는데, 어떤 형들이 저를 찾아와서 "너 싸움 잘한다며?"라고 아는 척을 하는 거예요. 황당했어요. 워낙 활달하고 운동을 좋아했어요. 중학교 학생회장도 했어요.

편 에피소드 들려주세요.

박 회장 연설을 하는데 제가 4번째 순서였어요. 그런데 앞 순서의 후보들이 준비를 너무 많이 해서 승산이 없었죠. 제 순서가 되었을 때 "저도 앞에 있는 학생들처럼 연설을 준비했습니다. 그런데 필요 없을 것 같습니다."라고 말하고 종이를 찢었어요. 그리도 친구들에게 두 가지를 즉흥적으로 공약했죠. 지금 생각하면 너무 웃겨요.

"제가 학생회장이 된다면 학교 주변의 불량배를 다 없애겠습니다. 그리고 3학년 선배님들이 고등학교 시험을 잘 보실 수 있도록 합격 엿을 돌리겠습니다."

편 즉흥 연설로 당선되셨군요. (웃음)

박 그렇습니다.

편 학창 시절에 어떤 운동을 좋아하셨나요?

박 탁구도 하고, 씨름부에서 입단 제의가 와서 잠깐 했어요. 너무 힘들어서 며칠 만에 포기했고요. (웃음)

학창 시절 교회 활동

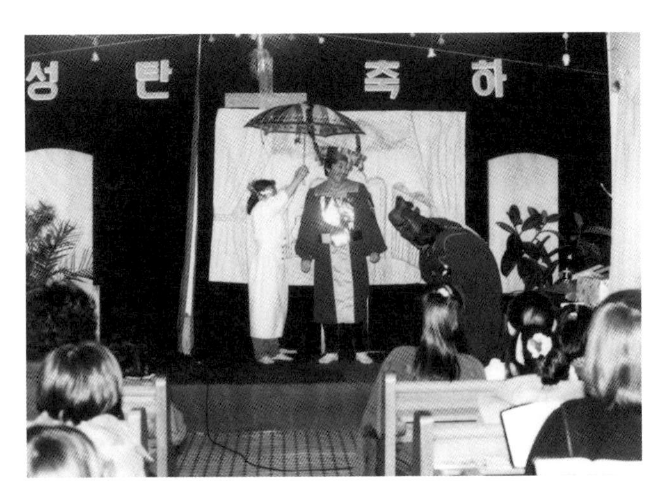

교회에서 공연하는 모습

초등학교 졸업식

부모님은 어떤 분이세요

편 부모님은 어떤 분이세요?

박 평범한 소시민이죠. 아버지께서는 한 가지에 집중하는 것도 좋지만 많은 걸 다양하게 경험하는 것도 인생에 도움이 된다고 말씀해 주셨어요. 제가 MD 일을 좋아하는 것도 아버지의 말씀에 많은 영향을 받은 것 같아요. 새로운 스포츠가 나오면 그것도 해보고, 유통 채널이 생겼다는 연락을 받으면 가서 직접 체험을 해 봐요. 아버지께 좋은 영향을 받은 것 같아요.

어머니께서는 늘 헌신하셨어요. 학생회장 당선되었을 때도 시장에 가서 몇백 개의 엿을 사다 주셨죠. 언제나 제 선택을 믿어주셨어요.

중학교 졸업식

고등학교 졸업식

MD로 진로를 정하신 계기가 있나요

편 MD로 진로를 정하신 계기가 있나요?

박 제가 대학을 졸업할 때 마케팅, 광고 쪽이 유행이었어요. 친구들과 스터디를 하면서 진로를 정했죠. 광고 일을 할 수 있는 회사라면 그 어느 곳이라도 들어가겠다고 정했어요. 오창호 교수님이 계셨는데 그분이 기업 프로젝트를 많이 수행하셨죠. 그분의 연구 활동 보조를 하면서 전국을 돌며 설문지 조사도 하고, 광고 쪽을 두 발로 뛰며 경험할 수 있었어요. 기업 마케팅 공모전에 출품하여 입상도 하고, 대학생 기업 분석에 팀으로 참여하여 최종 결선에도 오르는 등 나름 성과를 냈던 것 같아요. 선 · 후배와 스터디를 만들었고, 같이 마케팅 · 광고에 대해서 공부했어요. 취업보다는 내가 뭐든 할 수 있다는 자신감을 키웠던 것 같아요. 저는 당시에 공인영어시험을 보지도 않았는데 그런 경험들이 밑천이 되어 친구 중에 제일 먼저 취업을 했어요. 중소기업이었지만 많이 배울 수 있었습니다.

편 입사하고 제일 먼저 어떤 일을 하셨나요?

박 카탈로그 통신판매 회사의 MD로 생활용품을 개발하는 업

농촌 봉사 활동 참여

대학 시절 지리산 종주

무를 하게 되었어요. 시중에 판매가 잘되는 상품을 선택해서 우리 회사 카탈로그에 상품을 올리는 겁니다. 제품을 촬영하고 문구를 작성하는 일도 함께했습니다. 전문 사진사와 함께 물건을 어떻게 찍을까 고민하면서 너무 즐거웠어요. 내가 개발한 상품이니 얼마나 애착을 가졌겠어요. 사진도 함께 찍고, 문구도 작성하고, 상품 설명 원고도 제가 만들었어요. TV에 나오거나 대기업 이름으로 실리는 지면 광고만 광고는 아니라고 생각했어요. 나 자체가 광고라고 생각했죠. 광고의 모든 일을 다 하고, 영업까지 하니까 나의 모든 움직임이 광고라고 확신했어요.

편 11번가에는 어떻게 입사하셨어요?

박 솔직히 저는 IMF 기간에 졸업해서 대기업 시험 준비는 못했어요. 남들이 가진 그 흔한 토익 점수도 없었으니까요. 하지만, 누구보다 사회에 나가서 일한다면 잘할 자신이 있었어요. 내가 하고 싶은 마케팅 · 광고 일을 할 수 있다면, 그 어떤 회사도 상관없다고 생각했어요. 그래서 중소기업이지만, 카탈로그 홈쇼핑 업체인 한국텔레마케팅이란 곳에 입사한 것 같아요. 카탈로그를 통해서 상품을 판매하는 곳 그 자체가 마케

대학 시절의 낚시 취미

팅이고 광고라고 생각했기 때문이죠. 그곳에서 열심히 배우고 MD 역할을 성실하게 수행하다 보니, 자연스럽게 주위 분들이 좀 더 큰 회사로 이직할 수 있도록 기회를 주셨어요. 그래서 들어간 곳이 SK 글로벌 디투디 사업부였죠. 제가 처음으로 접한 대기업이에요. 처음부터 대기업에 입사한 건 아니지만, 항상 준비되어 있으면 기회가 온다고 생각해요. 문제는 기회가 와도 잡지 못하는 거죠.

인생의 멘토는 누구인가요

편 인생의 멘토는 누구인가요?

박 아버지요. 옆에서 아버지의 인생을 지켜보면서 아버지만큼 노력하며 살자고 늘 생각했어요. 훌륭한 업적을 남기신 건 아니지만 늘 자기 일에 최선을 다하시며 가정을 소중히 하셨어요. 그리고 제 첫 사수인 선경배 MD님이 기억에 남아요.

중학교 반 대표, 씨름 선수로 출전하여 우승

편 중소기업 근무하실 때 만나신 건가요?

박 네. 사수들이 후배를 밀어주기 쉽지 않은데 그분은 자기가 갖고 있는 모든 걸 어떻게 해서든 다 가르쳐 주시려고 했어요. MD의 세계도 냉혹해서 자기가 갖고 있는 걸 다 알려주는 게 쉽지 않아요. 설령 알려주더라도 내 영역 안에는 들어오지 못하게 방어를 하죠. 제가 선배가 되어 보니 그 분이 까마득한 후배인 저를 얼마나 진정성 있게 대해 주셨는지 알게 되었어요.

초등학교 탁구선수로 활동

후배들에게 어떤 선배이신가요

편 후배들에게 어떤 선배이신가요?

박 부족한 선배예요. MD 일을 하다가 관리자로 8년 간 근무했는데, 그때 깨달은 건 MD 일이 제 천직이라는 거였어요. 직원들을 관리하는 일도 보람이 있지만 저는 MD로서 11번가의 판매자들을 만나고, 카테고리를 개발하면서 상품 실적을 만들어 가는 일이 너무 좋아요. 모든 MD가 팀장이 되고 임원이 될 순 없어요. MD로 시작해서 MD로 정년퇴직하는 것도 멋진 일이라고 생각해요. 그래야 뒤따라오는 후배들이 임원이 못 되더라도 현직 MD의 자부심을 끝까지 간직할 수 있어요. 백화점이나 대형 마트는 산업의 역사가 이 쪽보다 오래되었기 때문에 이미 그런 선배님들이 계세요.

초등학교 탁구부 친구들과 함께

자녀가 아빠의 직업을 어떻게 생각하나요

편 자녀가 아빠의 직업을 어떻게 생각하나요?

박 중학생 아들이 한 명 있어요. 가끔 회사에 데리고 가고, 제가 하는 일을 설명해 줘요. 어떤 물품을 보면서 이 판매자가 아빠의 거래처라고 알려주고요.

11번가에서 어떤 카테고리를 관리하는 담당자 정도로만 알고 있을 것 같아요.

편 이 직업을 권하고 싶으신가요?

박 네. 저는 이 일을 너무 사랑해요. 적극적이고 활동적으로 살아갈 수 있어요. 실력을 쌓아간다면 언젠가는 자신의 취미와 일치하는 카테고리를 담당하게 되고요. 내 취미가 취미에서 끝나는 게 아니라 직업으로 연결된다는 게 정말 즐거워요. 물론 자기가 싫어하는 일을 할 때도 있겠죠. 회사라는 곳은 내가 원하는 것만 할 수 없으니까요. 언젠가 자기가 원하는 카테고리에서 자신이 원하는 상품들을 기획해서 판매하고, 해외 출장도 가고, 관심 분야를 계속 넓힐 수 있는 이 직업을 누구에게라도 권하고 싶습니다.

아들과 함께 낚시 체험

내가 개발한 상품을 아들과 함께 조립하는 모습

편 이 책의 마지막 장까지 함께 달려온 소중한 독자분들께 인사 부탁드려요.

박 직업의 시작은 단순한 것 같아요.

'회사는 어떤 회사, 급여는 얼마'가 아니라 '나는 이런 걸 좋아해, 나는 이런 게 재미있어, 사는 동안 이런 걸 하고 싶어.'에서 시작하면 될 것 같아요. 자신의 취미와 흥미를 점점 확장하고 발전시키는 게 중요하다고 생각합니다. 그러기 위해서는 '내가 지금 이 순간 무엇을 원하고 있는지'를 알아가는 연습을 해야죠. 이 순간, 나의 마음에 귀를 기울이지 못하는 사람이 어느 날 갑자기 내 인생의 진로를 정하기는 어려울 것 같아요.

저는 운이 좋았어요. 내가 좋아하는 일이 산업의 발전과 맞아 떨어졌으니까요. 중학생 아들에게 꿈이 뭐냐고 물어보면 화이트 해커white hacker가 되고 싶대요. 그래서 아들에게 물어봤어요.

"그 일은 정확히 무슨 일이야?"

"앞으로 어떻게 준비할 건데?"

"그 일과 비슷한 직업은 뭐가 있을까?"

"앞으로 어떤 사람들을 만나야 할까?"

"전공과 대학도 알아볼까?"

저는 직업이 최종 목적지라고 생각하지 않아요. 모두 우러러보는 최고 목적지에 다다르지 않더라도 최선을 다하면 그 길을 걸어가는 중간에 또 다른 길이 나타날 수 있다고 생각합니다. 무한한 확장이 가능하다고 확신합니다. 그렇기 때문에 모든 순간에 최선을 다해야 한다고 생각해요. 우리 학생들이 무심코 펼치는 교과서 안에, 소설책 안에, 모바일 사이트 안에 여러분과 직업을 연결할 문이 있을지 몰라요. '내게 주어진 소중한 인생을 재미있게 보내겠다, 행복하게 살고 싶다, 다른 사람에게 도움이 되고 싶다.'라는 목적만 분명히 세우길 바랍니다. 여러분과 함께해서 정말 즐거웠습니다. 저도 쇼핑몰 MD로서 매 순간 저의 꿈을 통해 여러분과 만나겠습니다.

편 감사합니다. 인터넷 쇼핑몰은 단순히 물건을 판매하는 온라인 장터라고만 생각했는데, 이 책을 통해 많은 사람의 꿈과 희망, 열정이 어우러진 복합체라는 걸 알았습니다. 내가 인터넷 쇼핑몰에서 옷 한 벌을 사는 행위가 옷을 좋아해서 만드는 판매자, 패션에 관심이 많은 MD, 그리고 그들의 관심과 일치

1년에 한 번씩 가족과 함께 여행

가족 여행 중 식사

한 나의 만남이라는 사실에 마음이 설레네요. 내 취미가 일이 되고, 나와 같은 취미를 가진 수많은 사람을 만날 수 있는 쇼핑몰 MD의 직업 세계에서 여러분도 행복하셨죠? 저도 많이 배우고 즐거웠던 시간이었습니다.

무한한 직업의 세계가 여러분을 향해 모든 문을 활짝 열 때까지 잡 프러포즈 시리즈는 계속됩니다.

모두의 꿈을 향해 다함께 파이팅!

감사합니다!

청소년들의 진로와 직업 탐색을 위한
잡프러포즈 시리즈 25

2019년 10월 1일 | 초판1쇄
2024년 4월 1일 | 초판4쇄

지은이 | 박종복
펴낸이 | 유윤선
펴낸곳 | 토크쇼

편집인 | 김수진
디자인 | 김경희
마케팅 | 김민영

출판등록 2016년 7월 21일 제2019-000113호
주소 | 서울시 마포구 월드컵북로98, 2층 202호
전화 | 070-4200-0327
팩스 | 070-7966-9327
전자우편 | myys327@gmail.com
ISBN | 979-11-88091-61-4(43190)
정가 | 15,000원